V.-E. VEUCLIN
Correspond[t] *du Comité des Beaux-Arts*
Lauréat de Sociétés savantes.

NOTES HISTORIQUES

SUR LE

CANTON DE BERNAY

BERNAY
Imprimerie E. VEUCLIN
1891

ŒUVRES DE E. VEUCLIN :

1873-1889. — Nombreux Articles de Journaux et 95 Notices.
Huguenots et Gautiers à Bernay.
La Saint-Louis à Thiberville en 1790.
La Fête-Dieu à Bernay au siècle dernier.
La Chapelle du Collège de Flers. Une Bannière.
Une rare et belle Fête à Verneusses.
Un Poète ignoré : Lelièvre, ex-instituteur.
Sorciers et Empiriques à Bernay et aux envirs
Quelques Croix de Cimetières.
Exécution de Sorciers au 17e siècle.
Notes du curé de Folleville. 1672-1696
Notes sur la Paroisse de St-Aubin le-V.
Quelques Fêtes de la Révolution à Chambrais
Lettres d'un Soldat de la Grande Armée.
Confréries anti-esclavagistes du 17e siècle.
1890. — 2 Lettres inédites de Thomas Lindet.
Maison de Charité de l'Hôtel-Dieu de Bernay.
Les Fêtes baladoires au siècle dernier.
Le Mariage d'une Rosière à Bernay en 1867.
Derniers Souvenirs de l'Abbaye de Bernay
L'École de la Maison de Charité de Meulan.
Une manufacture de frocs dans un presbytère
Saint Vincent de Paul en Normandie.
Un conflit clérical dans le diocèse de Lisieux.
Tenue des petites Écoles à Bayeux en 1690.
Les Processions du Roumois et de la Fête-Dieu
Notes pour l'histoire de Pierre-Ronde.
Les 4 Canons de Bernay.
Documents sur le canton de Beaumesnil.
Les Écoles chrétiennes de Lisieux. 124
Documents pour l'histoire de Beaumont-le-R
Glanes historiques sur le canton de Brionne.
Une Histoire de Bernay écrite en 1765.
Glanes historiques sur le canton de Broglie.
Les Sapeurs-Pompiers de Bernay.
La Fontaine minérale de Bernay.
Notes historiques sur le canton de Thiberville
Gabriel Dumoulin et sa Famille. 132
Ce que doit être le Livre d'or du Collège de B.
Le Bienheureux André Goulafre, curé de B.
Les Auxiliaires de la Rédemption des Captifs.
A propos du Pèlerinage de Mgr Hautin à B.

V.-E. VEUCLIN

Correspond^t du Comité des Beaux-Arts
Lauréat de Sociétés savantes.

NOTES HISTORIQUES

SUR LE

CANTON DE BERNAY

BERNAY

Imprimerie E. VEUCLIN

1891

Canton de Bernay

BOUFFEY

Liste des curés depuis le XVe siècle : Avant 1474. Pierre de Villiers, nommé à St-Pierre de Grandcamp, en 1474. — 1474. Philippe de Bellemare, démissionnaire en 1475 ; remplacé par Richard du Bosc, aussi démissionnaire en 1483 et décédé curé du lieu en 1492. Jean du Bosc et Jean de Bouffei sont présentés à la cure ; la cure est conférée à Jean de Bouffei lequel meurt en 1520. — Jean Duval, décédé en 1522. — Guillaume Simon, lequel, en 1534, permute avec Louis Duval pour sa chapelle de St-Martin de Néville ; le dit Duval mort en 1547. — Raoult Anquetil, mort en 1552. - - Noël Morain, m. en 1561. — Guillaume Pocquet et Michel Mothe présentés ; la cure est conférée à Mothe, démissionnaire en 1566. — Pierre Haystre, mort en 1587. — Dom Grégoire de Neuville, mort en 1613. — Roger Regnoult. — Jean Hesmet, mort en 1662. — Nicolas Jouen.

1784. Loquet, curé.

CARENTONNE

Curés de cette paroisse : Jean Oursel, décédé en 1485. — Jacques Boullenger, décédé en 1522. — Jean d'Ernoinville, décédé en 1522. — Nicolas Damy. — 1569.

Pierre Hardy, mort en 1587. — Jean Ernault. — Charles Collet, mort en 1618. — Jacques Chanu, démissionnaire immédiat. Jean Levelain, mort en 1662. — Jacques Behue, mort en 1680. — Jacques Lemoyne, — 21 déc. 1719. Pierre Le Velain, curé, est inhumé dans l'église par le curé de Bouffey (Jouen). — Jacques-Charles Hayer. — 1755. G. Guérie.

14 oct. 1414, devant Jehan Lecourt, tabellion à Beaumont-le-Roger, Jehan Don, demond ou hamel de Chrestinel en la paroisse Daunoy, vend à Robin Morel escuier la terre et seigneurie de Carentonne, par 300 l. tournois.

1662. Premier registre paroissial.

11 janv. 1667. Sont fiancés devant l'image du crucifix Louis de Sautreau. esc[r] s[r] de Ste-Geneviève... et Marguerite de Mauduit, fille de Jean, esc[r], sgr de Carentonne, et de Anne de Pigace.

Alexandre de Mauduit, esc[r], sgr de C., Semerville et autres lieux ; marié à Anne de Careil ; inhumé à C., le 1er nov. 1712. — Anne, leur fille, inhumée le 16 janvier 1676, dans le chœur, âgée de 13 mois.

1707. Nicolas-David de Mauduit.

André de Mauduit, chev[r], sgr et patron de C., Semerville, le Bocage et autres lx, chevalier de l'ordre militaire de St-Louis, lieutenant des vaisseaux du roi ; marié à Marie-Anne Thuret du Haucard ; surpris de la mort, sur la paroisse de Ste-Croix, le 8 déc. 1746, âgé de 74 à 75 ans, inhumée le lendemain, dans le chœur de C.

Enfants du dit André de Maudnit :

1° André-Jean-Baptiste, né vers 1717. sgr de C., Jouville, Froberville, le Maupertuis, lieutenant des vaisseaux du roi, chevr de l'ordre royal et militaire de St-Louis ; marié à Marie-Louise-Esther-Rosalie Plainpel, dame et patronne de Maupertuis, Gerville, Froberville... ; inhumé dans le cimetière, le 18 nov. 1779.

2° Marie-Geneviève-Constance-Félicité, mariée, le 28 juillet 1738, à Jacques-Georges-Adrien le Portier, écr, sr de St-Ouen, ancien capitaine de cavalerie... ; inhumée dans le cimetière, le 23 avril 1779

3° Anne-Emilie, mariée le 6 juillet 1740 à François-Guillaume Liberge, chevr, sgr de Granchain.

4° Marie-Anne-Françoise, mariée, le 11 janvier 1740, à Jacques-Philippe Bréant, écr, de la Couture de Bernay.

5 avr. 1771. André de Maudnit, fils de André & L. de Plainpel, est inhumé dans le chœur, âgé de 4 ans.

1789. Maudnit d'Hainneville, sgr et patron de C.

1790. 82 paroissiens ; 22 feux. — Registre des délibérations municipales, du 7 février 1790 au 3 thermidor an 3.

CAORCHES

Curés : 1692. Nicolas Jouin. — 1696. Robert Vauquelin. — 1704. Charles Bertre. — 1710. Jean Delanoe, vicaire.

18 avril 1699. Pierre Leseigheur, fermier de M. de Beauchamp, donne et aumône à l'église du lieu 200 l. pour prier Dieu pour lui.

1705. François Hardy, avocat, syndic.

26 avril 1716. Pour répondre à l'assignation de Jean Boudet, les paroissiens assemblés à cet effet donnent pouvoir à Jacques Jouveaux de répondre et poursuivre le dit procès en l'élection de Bernay.

1740. L'abbé de Bernay devait au curé de C., pour sa pension, 24 boisseaux de blé, 12 boisseaux d'orge et 12 boisseaux d'avoine.

Dimanche Quasimodo 1725. Assemblés devant Fr. Sulpice, religieux Pénitent (le curé étant malade), les paroissiens élisent pour syndic Nicolas Jouveaux fils Jacques (5 signatures et 2 marques).

25 avril 1725. Charles Bertre, curé, est inhumé dans le chœur.

3 mai 1726. Devant le vicaire se sont présentés ; Alexandre de Bois-Gruel, éc[r], s[r] de Fromencourt, garde du corps du roi ; Nicolas-Joseph Maurisse, procureur-fiscal en la haute-justice de Caorches ; Joseph Hardy, éc[r], s[r] de Bois-David, garde du c. du roi, lesquels, en conséquence de la lecture d'un monitoire publié au prône de la grande messe paroissiale, par ordre de M. le procureur général pour la chambre de justice établie, se déclarent déposants.

17 septbre 1762. Est inhumée dans l'église, Marie-Anne Cordouan de la Vatine,

épouse de Henry-Jean-Thomas Hardy de Bois-David, piqueur au vol du héron de la grande fauconnerie de France.

20 févr. 1790. Déclaration du bénéficecure. Nicolas Le Maistre, ancien curé de Bresey, curé de Caorches depuis 19 ans, âgé de 70 ans. Collateur laïc : Pierre-André-Fouques de Caorches. Biens de la cure : manoir presbytéral..., une masure de vergée et demie ; un jardin de 20 perches ; 9 acres de terre (revenu 180 l.) ; un tiers de la grosse dîme (450 l.) ; toutes les vertes dîmes (720 l.) ; 21 acres de novalles (100 l.) ; blé, orge et avoine dus par l'abbé de Bernay (200 l.) Revenu total évalué à 1700 l. Le curé est chargé de dire 184 messes de fondation à raison de 10 s. l'une. 250 paroissiens. L'abbé de Bernay possède les deux tiers de la grosse dîme valant 900 l. L'hôpital de Bernay possède une acre de masure, une chambre, un four, une acre de friche, 2 acres de haut pré et 18 acres de terre valant environ 300 l. La fabrique de St-Victor possède environ 1 acre 2 perches de terre valant 22 l. La fabrique de Caorches jouit de 3 acres de terre valant 60 l.

18 avril 1790. Reconstruction d'un mur entre le cimetière et M. de Fouques ; celui-ci est autorisé de faire faire, à ses frais, un chemin de chez lui à l'église.

8 mai 1790. Election de la municipalité. — 30 mai. La commune prend à sa charge les dépenses du voyage de l'électeur

qui se rendra à Evreux.

18 déc. 1791. Nomination d'un receveur des contributions ; il lui sera payé 75 liv.

5 févr. 1792. Organisation de la garde nationale conjointement avec le Tilleul-Fol-Enfant. — 1er Formation d'une compagie de 17 jeunes gens. — 30 septembre. Le Maistre, curé, prête serment. — Le citoyen Foueques est mis sur le tableau des émigrés.

24 févr. 1793. Se font inscrire pour défendre la patrie ! François Bucaille ; Jean Baptiste Buisson ; J.-B.-Pierre James. — 19 mai. La paroisse possédant 2 calices, 1 a été remis à la municipalité pour faire faire un st-ciboire en remplacement de celui volé.

23 nivôse an 2. Nomination d'un clerc pour remplir les fonctions de sonneur ; le conseil lui accorde 50 l.

20 janv. 1793, Location des chaises de l'église pour 14 l. pendant l'année.

20 therm. an 2. Union du Thilleul-Fol-Enfant à Caorches.

7 mars 1794. Déclarations de la municipalité : une des cloches a été descendue ; il y a dans l'église un calice, une croix d'argent, une croix de cuivre, un encensoir de cuivre, 4 chandeliers de cuivre ; il ne reste qu'une cloche et les meubles de première nécessité pour le culte divin.

9 messidor an 3. Nicolas Lefrant, prêtre catholique non assermenté, déclare à la municipalité qu'il exercera le culte dans

l'église du Thilleul-F.-E., réunie à C., et qu'il se soumet aux lois purement civiles et politiques de la République.

CARSIX

25 juin 1540. Aveu du fief de Carsix par Guillaume de Gouvy (?), prêtre. (Arch. de la Soc. hist. de Lisieux).

1668. Premier aegistre paroissial.

24 septbre 1683. Naissance de Marie du Fay, fille de Charles, esc[r], s[r] de C., et de Marie Thuret (?).

16 mai 1716. Pouvoir est donné à Pierre Barrois, syndic, et à 2 habitants de poursuivre et défendre un procès intenté de la part du s[r] Boisné, pbre chapellain des chapelles de St-Maur et autres, en exécution de la sentence de mardi dernier de MM. les officiers de l'élection de Bernay. (4 signatures et 2 marques.)

15 nov. 1716. Délib. touchant la signification d'une sentence obtenue en l'élection par Jean Desmonts contre les habitants et taillables ; pouvoir est donné d'interjetter appel de lad. sentence à la cour des comptes aides et finances de Rouen (6 sign. et 4 m)

Septbre 1716. Délib. sur le procès encommencé par Jacques Hudoux, vicaire, à l'encontre des sieurs gros décimateurs au sujet de ses gages de vicaire ; les paroissiens déchargent Hudoux de toutes les poursuites du procès et s'obligent à en faire toutes les diligences nécessaires, à leurs risques et périls. (10 s. et 4 m.)

28 janvʳ 1718. Les paroissiens donnent à dérôler la personne de Pierre Barrois, syndic (6 sign. et une marque).

18 févʳ 1720. Délib. au sujet d'un procès pour une partie de rente faite au trésor

26 mars 1724. Délib. des paroissiens & frères de la charité à propos de la donation d'une masure à la charité. — 5 mars. Nomination de 2 collecteurs pour faire la « cueillte », de 3 années de louage échues de la St-Jean-Baptiste 1722, pour après quoi les deniers payés au receveur de S. A. Mgr le prince de Lambest, comte de Briosne. — 3 déc. Nomination de 6 habitants pour, conjointement avec les collecteurs, continuer à asseoir la taille au revenu commerce facultés et industrie par devant le lieutenant de l'élection.

1726. 225 habitants.

En 1735 fut bâti le presbytère de cette paroisse; il en coûta aux habitants et biens tenants cinq mille livres tant pour le fond du dit presbytère que pour la construction de la maison et de tous les bâtiments qui le composent, le tout par deux arrêts du conseil, l'un obtenu en 1728 et l'autre en 1737. De mémoire d'homme il n'y avait jamais eu à Carsix de manoir presbytéral. Ce 6 nov. 1745. Richomme, curé (depuis 1734).

1750. Pierre-Philippe du Fay, écʳ, sgr et patron de Carsix. — 5 juillet. Les frères de charité élisent un échevin, 6 voix s'étant également portées sur 2 candidats on a recours à un ci-devant frère sortant de la maîtrise ; Jacques Celot est déclaré échevin. — Philippe Letailleur, âgé d'environ 30 ans, et Catherine Letailleur, 28 ans, moururent l'un le 29 et l'autre le 30 octobre 1750 et furent inhumés tous les deux le 30, à la même heure, par le vicaire et le curé assistés de la charité de Carsix et de celle de Serquigny.

10 avril 1752. En vertu d'une dispense pour 3e dégré de consanguinité, mariage de Pierre-Philippe du Fay, chevr, fils de Pierre-Georges du Fay, chevr, sgr de Carsix, de Bosrenont et autres lieux, et de Anne-Cécile Desmonts, avec Marie-Anne Elisabeth Desmonts, fille de feu Pierre Desmonts et de Marie Papavoine, de Ste-Croix de Bernay. Mariage célébré par Louis-Jacques de la Fremondière, curé de St-Quentin (diocèse d'Evreux) ; Anne-Cécile du Fay ; Anne-Georges-Françoise du Fay de Carsix ; Catherine-Rose du Fay de Bosrenont, sœurs de l'époux.

28 nov. 1754. Mariage de Marie-Anne-Cécile du Fay, fille de Pierre-Georges....., avec Joseph-Bernard le Maréchal, écr, sr du Manoir, de la paroisse de Berthouville. Témoin : Philipe-Charles du Fay, personataire de Carsix, oncle de l'épouse.

Vers 1759. Vente de terres incultes.

1766. Sentence du bailliage de Pont-Audemer (24 avril) pour François-Guillaume Richomme, curé, contre les frères de charité. (Collection de M. l'abbé Loir).

Registre des délibérations municipales depuis le 17 août 1788. — 7 septbre. Assemblée des curé, syndic, greffier et 5 députés pour faire la distraction des fonds situés sur les paroisses voisines imposés sur le rôle des vingtièmes de Carsix et ensemble le raport de ceux imposés sur les rôles voisins. — Les paroissiens convoqués refusent de nommer des adjoints pour la collecte de la taille 1789. Les députés de l'assemblée municipale nomment 3 laboureurs pour remplir lad. charge. — 28 sept. Les députés composant la municipalité nomment des collecteurs pour 1789.

27 septbre 1789. Assemblée pour constater la quantité de blé restant dans la paroisse et le nombre des habitants. — 15 nov. Rôle de supplément sur les ci-devant privilégiés pour les 6 derniers mois de la présente année. — 16 nov. Dans la chambre de la charité, lieu ordinaire des délibérations de la municipalité.

28 févr. 1790. Pierre-Marin-Georges du Fay déclare qu'il possède et fait valoir par lui même un Bénéfice sous le titre de personnat de Carsix, à patronage laïc et à la nomination de M. du Fay. — Laquèze curé, 43 ans; le bénéfice-cure est à la nomination de M. du Fay, sgr du lieu; 650 habitants répartis dans 12 hameaux assez éloignés de l'église; il y a un cinquième de pauvres. — Déclaration pour la chapelle St-Maur en l'église cathédrale d'Avranches.

« Ce jourd'huy 4 messidor 3e année Républicaine, au greffe de la municipalité de Carsix, s'est présenté Claude Simon Laquèze, prêtre demeurant en la commune du Tremblé et ci-devant curé de cette commune de Carsix, lequel a déclaré que dans un moment où la terreur et la tirannie étaient à l'ordre du jour et pour se soustraire aux peines des plus rigoureuses portées par un arresté foudroyant contre les prestres qui ne feraient pas la remise de leurs lettres d'ordre en abdiquant leurs fonctions, il s'était vu forcé à le faire, mais qu'arrivé à des jours plus heureux où la justice, la raison et l'humanité reprennent leurs droits, il proteste de la ditte remise en tout son contenu, la déclare nulle et de nul effet, n'ayant été nullement volontaire, mais bien l'effet de la crainte de perdre sa liberté et peut-estre mesme sa vie... », — Le 24, Laquèze demande à exercer le culte catholique à Carsix.

CORNEVILLE-LA-FOUQUETIÈRE

Curés : 1482. Vincent Bugnet permute avec Mathurin Chodemy, pour sa chapelle de St-Julien dans l'église collégiale de St-Avit hors les murs de la ville d'Orléans

Avant 1481. Charles Richard Lemoyne — Jean le Moustardier. — 1483. Chodemy permute avec Jean de Nully pour sa cure de St-Pierre de-Guesne. — 1481. De Nully permute avec Jean Buxtrecte pour sa cure de Pont. — 1497. Jean Buxtrecte résigne en faveur de Jacques Buxtrecte. — Laurent Girard, mort en 1516. — Michel le Contennyer, démissionn^re en 1519. — Michel Toustain, démissionn^re en 1522. — Jacques Toignac, lequel, en 1525, permute avec Jean Du Mesnil, prieur de la chapelle de Ste-Catherine (église des Cordelières de Paris). — 1526. J. Du Mesnil permute avec Jean Crochet, pour son canonicat de l'église du St-Sépulcre, à Paris — 1529. J. Crochet permute avec Jean Duval pour sa cure de St-Lucien de Longvillards, à Beauvais. — 1532. Duval permute avec François Devienne pour sa cure de St-Martin de Valencourt (Sens). — 1537. Démission de Devienne. — Philippe des Buats, démission^re en 1548. — Robert Venissh, mort en 1563. — Guillaume Reusse, mort en 1571. — Guillaume Marc.

1668. Premier registre paroissial.

9 déc. 1726. Assemblée pour enrôler et dérôler. (4 sign. et une marque).

22 janv^r 1730. Assemblée pour enrôler et dérôler. 4 paroissiens présents, lesquels ayant eu quelques contestations s'en sont allés, et est resté seul Jean-La Caille qui, outre tout ci-dessus a donné à enrôler, ce qu'il signe avec le curé.

3 juin 1731. Délib. des confrères de la confrairie, pour ce qui regarde la fieffe des 10 bancs pour les frères et sœurs ; 10 sols

1er mai 1737. Délib. au sujet de la grange du presbytère ; le curé est autorisé de faire faire les réparations, excepté la charpente ; il lui sera payé la somme de 160 l (5 sign.)

1792. Dans la nuit du mardi 6 au mercredi 7, des voleurs cassent la principale porte, forcent le tabernacle et volent le sciboire d'argent, l'ostensoir de cuivre argenté ; dans la sacristie, ils forcent et cassent toutes les armoires, prennent et volent le calice, 3 aubes, 3 soutanes ; cassent troncs et tiroirs dans lesquels étaient les quêtes dans l'église et la custode au viatique ; culbutent et renversent tout dans l'église, cassent une petite croix de cuivre de la procession, et un ostensoir à fond de cuivre. (Lettre de Philippe, curé).

COURBÉPINE

Notice spéciale en préparation.

FONTAINES-L'ABBÉ

12 nov, 1385. Jehan de Bailleul, escuier, vend à Colin de Lomprey, escuier, la moitié de 3 pièces de terre en prey assises en la paroisse de « Fonstaines labé ».

En préparation : « Les Communes » aumônées par Judith de Bretagne.

1615. Premier registre paroissial.

1692. Premier registre paroissial.

12 janvier 1715. Martin Buzot, curé, est inhumé dans l'église.

20 janv. 1719. Assemblée pour nommer un procureur-sindic ; Louis Beauvallet le jeune, ayant géré ci-devant la ladite charge, est désigné comme le plus expérimenté des habitants.

1780. Huitième de fief de haubert relevant du comté d'Evreux, ayant à ce titre des droits de pâturages dans les forêts de Conches et de Breteuil au moyen de 20 sol que le seigneur paye au dit comté tous les ans ; 15 à 14 feux dont les 3/4 en totalité ne payent pas plus de 10 livres du pied de la taille ; plus de la moitié sont pêcheurs. — Procès entre les habitants et ceux de St-Léger à propos du droit de pâturage sur les bruyères ou communes de St-Léger.

CAMFLEUR

2 mai 1320. Echange entre « les paroissiens, faisant pour le trésor du lieu, et Raoul de Certieux, s[r] de Bouqueval, Caudemise et du Vergey, d'une portion de prey contre une autre, le tout sis à Campfleur. Contrat passé devant Loyal Léfebure & Nicollas Vellain tabellions à Maneval, par Guillaume Bunel, pbre, etc.

25 oct. 1380. Acte concernant le lieu.

2 févr. 1404. Estienne Hallebout de la paroisse de « Chamflour » prend en fief de noble homme Jehan Delisure esc[er] seigne[r] du pomier entey, une piece..., assise en la dite paroisse..., jouxte d'un costé la ruelle saint pierre, d'autre about sur le quemin de Bernay.

28 juin 1719. Mathieu Lemercier, curé, 54 ans, inhumé dans le chœur.

1729. 99 habitants.

1779. Maurey, curé.

1790. 80 habitants ; 20 feux.

Vers 1844, l'église est vendue 100 écus

par Pelvilain, maire de Fontaines-l'Abbé, au sieur Glace, de St-Clair, qui la fait démolir entièrement ; ces deux hommes décèdent peu après dans la même année.

COURCELLES

2 août 1394. Raoul de Gouclle de Courcelles proud à rente de Colin Delampie, de la paroisse de Fontayn/ l'abbé, une « pièche de prey ».

19 déc. 1405. Bail à Robert de Couclle de Courcelles, et à Pierre du Neubourg, de Fontaine-l'Abbé, du moulin de Courcelles appartenant à noble et puissant seigneur Jehan Pierre du Mouchy (?), de Plasnes. (Tabel. de Bernay).

1449. Jehan de la Bouéssiér (?), prêtre.

1668. Premier registre paroissial.

30 septbre 1714. Jacques Lefrançois, marteleur, François Masly, affineur, et Louis Cabut, aussi affineur, aumônent en l'église de ce lieu une bannière de damas blanc valant la somme de 56 livres.

1732. M. de Garancières, sgr du lieu.

25 déc. 1746. Henry Hervieu est nommé syndic, pour 2 ans, au lieu et place de Jean Rivière, décédé. (4 sign.)

« Courcelle étoit anciennement une succursalle faisant partie de la paroisse de de Plasnes, actuellement petite paroisse relevant de la baronnie de Plasnes, composée de 4 à 5 feux non compris le seigneur et la grosse forge. » (Titre de 1780)

1790. 98 habitants ; 25 feux ; pas de fond de charité.

Camfleur-Courcelles. — Registre des délibérations municipales, an 8.

MALOUY

1645. Premier registre paroissial.

1691-1711. Du Thiron, curé.

1712. Rocher, curé.

16 mai 1742, Jean Morand, curé, 70 ans inhumé dans le chœur. — Thomas Duval, vicaire.

1er mai 1781, Gille-François-Benoît de Cordey, curé, âgé de 80 ans, inhumé dans le cimetière.

1790, 234 habitants ; 55 feux ; fond de charité : 12 livres sur la fabrique.

MENNEVAL

1588, Denis de Maintoternes, sgr de M. et Anne de Dampierre, son épouse, aumôcent au trésor 4 pièces de terre et 4 l. de rente, à charge de prières.

20 févr. 1614. Thomas Delle, curé de M. donne au trésor de la Couture de Bernay 2 pièces de terre. (M.)

17 déc. 1615. Delle, curé de M., donne au trésor 12 l. de rente. (M). Le dit est inhumé, le 17 janvier 1616 dans la chapelle de Ste-Anne, en l'église de la Couture ; il est immédiatement remplacé par Gabriel Dumoulin, fils de Robert, menuisier.

Adrian Marion, vicaire.

26 nov. 1616. Accord entre Gabriel Dumoulin, curé, et les héritiers de Delles, à propos des réparations à faire au chancel de l'église et au presbytère. (O. 120 v°).

9 janv. 1618. Louis de Mainteterne aumône au trésor 1 pièce de terre en labour contenant une acre 38 p., à Durécœur, et 140 l., à charge de prières.

23 nov. 1663. Robert Dupuis, curé de M., et André Dupuis, con^{er} du roi, vicomte de Berhay, figurent au même acte.

4 octob. 1678. André de Mainteternes, chev^r, sgr et vicomte héréditai de M., fils de Louis et de Anne Pigace, se marie à Marie-Françoise Dauvet, fille de Pierre, chev^r, sgr de Trigny, Bouffey, Anvillers, Repentigny, &c, et de Louise-Marie Dermon.

24 août 1681, André de Mainteternes rédige son testament ; il désire être inhumé en la chapelle de la Vierge, « sous la tombe de Mathieu de Varennes. » (O, 63) Ce fait explique le désordre de cette tombe constaté par M. Lottin de Laval.

1679. Procès avec Berthouville pour réclamer l'imposition d'un taillable comme demeurant à Menneval depuis viron 5 ans et y ayant acquis ses ans de majorité. — 12 juin. Nomination de fouageurs pour les droits du fouage dépendant du domaine d'Orbec.

« ... sixiesme jour de janvier 1691, M^{re}
« Jean Foucques [pbre curé d]e cette pa-
« roisse de Maneval, aagé de viron 58 ans
« ..... faut et remply les charges dun bon
« pasteur pendant..... viron verbo et exem-
« plo, accablé dinfirmitez corporelles.........
« [remp]ly dune patience toute admirable,

« accompagné de [toutes] le[s] vertus né-
« cessaires à un bon ecclésiastique, décéda
« le 9e de . . . d'une maladie acquise par
« son travail assidu à la vigne du [Sei-
« gn[eur], et fut inhumé dans le cœur de
« léglise du dit Maneval [pa]r Mre Eusta-
« che Jouvin pbre curé de Caorches et do-
« yen de Bernay, présence de Mre A. bin
« Collet pbre vicaire et Mre François Du-
« val aussy pbre dud/ Maneval tesmoins
« soubsignez. Approuvé en la marge le
« jeudy ii dud/ mois et an. »

3 mai 1691. Après les criées faites par 3 dimanches, la terre de la fabrique est baillée à ferme à Jean Bayeux pour 15 l. l'acre.

31 déc. 1694. Délibération sur la nécessité des pauvres, dont deux sont morts de manque d'assez d'assistance depuis 24 heures et qu'il y en a encore 4 détenus de langueur faute d'aliments; les paroissiens ont reconnu que plusieurs ne trouvent pas à travailler et étant chargés d'enfants sans être cotisés, seront augmentés dans le rôle de la cotisation; que pour cet effet ils consentent qu'on y comprenne Frestel détenu en langueur, la fille de Guérie, Louis Guillot, un enfant pour Crocquet, un enfant pour Robin, 2 enfants pour Pierre Porté et qu'on augmente la cotisation du bonhomme de Guérie, des enfants de Langevinne, de la bonne Coutelle et qu'on y mette aussi un enfant pour Bardin, pour lesquels il convient 100 sols par semaine

d'augmentation ; et d'autant qu'on a délivré des billets à plusieurs pauvres sur des personnes qui sont refusantes de payer depuis le 20 décembre dernier que le dernier rôle a été arrêté par le révérend père dom Jean de Nancy et Monsieur de Manoury, con^er du roi et esleu à Bernay, et rendu exécutoire par Monsr le bailly de Maneval ; et sur l'avis et l'assurance qui nous a été donné par les collecteurs que dans la maison de Guillaume du Longchamp ils n'y pourraient pas trouver pour 30 sols de meubles et qu'il est chargé de 3 enfants sans aucun revenu ni pouvoir trouver de travail, les dits paroissiens ont aussi consenti qu'il soit mis sur le rôle pour 20 sols la semaine.

14 mars 1694. Goubert, milicien de la paroisse, est déchargé des 20 sols de taille à laquelle il est imposé. — 28 nov. Mre Nicolas Lefebure, s^r des Noyers, est nommé procureur général et spécial pour procès.

20 févr. 1701. Délib. pour nommer des garçons pour aller paraître, le lendemain, devant le subdélégué de Bernay ; 14 jeunes gens sont nommés.

7 mai 1702. Les paroissiens sont demeurés d'accord de lever une place de sindic qui est à lever et qu'elle soit assise au marc la livre sur tous les taillables, pour faire la somme demandée ; 2 collecteurs sont nommés à cet effet. — 10 septembre. Après 3 criées, vente des fruits du cimetière, tant pommes que poires, pour 20 l.

20 août 1704. Testament du seigneur.

1708. Inventaire des meubles de l'église. 1 calice avec sa patène en argent et son étui, acheté pour remplacer celui qui a été volé. 1 ostensoir en argent sans pied Une custode en argent pour porter Dieu aux malades. 1 encensoir en cuivre argenté. Une croix de cuivre sans pied, 6 chandeliers de bois pour le maître-autel. Une navette en cuivre argenté. Une lampe en étain et cuvette en terre. 9 chasubles. Une écharpe en vieux damas rouge. 1 chasuble de gros de Tours noir. 5 aubes. 10 amicts. 27 purificatoires. 4 lavabos. 4 essuie-mains 10 nappes. 4 corporaux. 4 surplis de clercs. 3 robes rouges pour les clercs. 6 chapes. Le devant des deux crédences de damas cramoisi. Une chape noire en damas. 1 voile de toile blanche pour le Christ. 6 devants d'autel, montés sur 3 chassis de bois 1 plat en étain et 2 burettes de cristal. 2 lanternes pour accompagner le St-Sacrem' 18 bords d'étoles. 8 ceintures. 1 Christ sur sa croix en bois. 2 antiphoniers. 8 processionnaires. 1 rituel. 1 missel. Une niche de bois doré pour poser le St-Sacrement avec un voile broché en or. 10 faux cierges. 1 bénitier en cuivre. 1 petit drapeau violet broché en or et argent 2 bières. 2 coffres. 2 rideaux et un devant d'autel à la chapelle de la Vierge. 2 plats de cuivre pour la quête. — Au maître autel, 2 vieux rideaux.

2 mars et 8 avril 1779. Inventaire des

meubles de Nicolas de la Vallée, curé, décédé le 28 février... Une petite bibliothèque de six tablettes et plusieurs imprimés et cahiers de théologie... 1 bréviaire en 4 v. 20 volumes reliés mais qui sont différents Sermonnaires dépareillés. Une vieille Bible couverte en parchemin. Liasse de manuscrits, sermons, cahiers de philosophie et différents mémoire et autres pièces d'écriture de cette nature.

PLAINVILLE

1611. Premier registre paroissial.

Jehan Bellenger, vicaire.

16 septbre 1612. Baptême de Robert de Boschenry, fils de Philbert, escr, sr de P.

1631. Godefroy Bellenger, diacre.

1638. Nicolas Desperriers, curé. — La femme de Guillaume Bellenger est sage-femme jurée à P.

1641. Jean Deriot, vicaire.

5 juillet 1676. Fondation de 80 l. de re au trésor par Nicolas de Couillarville, sr des Mollans, pour l'accomplissement de la dernière volonté de Jacques de Couillarville, ec, sr de Plainville, son frère.

24 févr. 1682. Bapt. de Jeanne, fille de Jean-Baptiste du Boschenry, esc, sr de P. et de Magdeleine Guenet.

1693-1704. M. de Launay, curé.

23 nov. 1694. Bapt. d'un enfant mâle trouvé à la porte de l'église.

1696. Mre Jean-Marie Hauriau, pbre licentié de Sorbonne, prieur de Maupas, sgr de P. et de Capelles.

2 nov. 1703. Bapt. d'un enfant mâle trouvé, dans un panier d'osier et enveloppé de pauvres langes, à la porte rouge de M. Desmelans. — 4 nov. Délib. à propos de la nourriture et entretien de l'enfant trouvé ; imposition sur tous les propriétaires.

1704-1716. M. de Mesières, curé.

1707. 1027 gerbes de dîme.

1717. Jouen-Dumarest, curé.

2 mai 1789, Cahier de doléances : « ... Dans cette paroisse il existe deux grosses dixmes en main-morte qui devraient servir en partie au soulagement des pauvres de la paroisse, et nous attestons qu'aucun deux propriétaires de ces dixmes ne réside dans cette paroisse, qu'un d'eux n'a jamais fourni aucun secours aux pauvres d'icelle, que l'autre depuis sa nomination aux bénéfices a donné un secours de cent livres tous les ans et a même doublé sa rétribution dans l'hiver désastreux que nous venons d'éprouver lequel a mis le comble à la misère de cette paroisse... »

« La paroisse a des extensions de fiefs qui forcent des justiciables à plaider tantôt dans une jurisdiction tantôt dans l'autre ; une partie de nous est obligée d'aller jusqu'à 4 ou 5 lieues de la paroisse, tandis que le juge principal qui n'est qu'à une lieue a la connaissance non seulement des cas royaux, mais de la majeure partie du territoire de la paroisse ; pourquoi nous demandons à Sa Majesté qu'il lui plaise attribuer la connaissance de toutes matières juridiques qui pourront s'élever en cette paroisse au bailliage de Bernay, par l'accroissement duquel les justiciables trouveront prompte justice et moins dispendieuse... »

1790. 365 habitants. 86 feux. Pas de fonds de charité.

14 juillet 1790. Fête civique ; après le pacte fédératif, on décide qu'il sera pris au compte du trésor la somme de 30 liv., pour la part du repas des pauvres. — 25. M. de Plainville est nommé commandant en chef de g. n. — 8 août. Arrêt sur les abus du glanage. — 13 septbre. Projet d'acquérir les biens nationaux situés à P. appartenant au prieuré de Maupas et à la cure : 27 pièces de terre.

23 nov. 1791. Taxe des propriétés : 1re classe, 24 l. ; 2e, 18 l. ; 3e, 10 l. ; 4e 4 l.

14 mars 1792. 48 l. sont allouées pour la confection d'une niche pour l'exposition du St-Sacrement, par Lefèvre, tapissier à Bernay. — 24 juin. Refus de réduire le nombre des cloches n'étant que de 2.

30 flor. an 2. 12 hommes sont désignés pour mettre en terre les morts. 340 habit^s.

6 niv. an XI. Installation de Jean-Baptiste Oursel, curé de P. et du Tilleul-F.-E. 120 francs accordés au dit curé.

12 juillet 1806. Installation de Nicolas Leveau, curé de P. et du Tilleul-F.-E.

9 déc. 1810. Acquisition du presbytère.

1824. François-Guillaume Haubert, maître d'école. Gabriel Bénard, desservant.

PLASNES

1579. Ecoles de P. Procès avec le chapitre de Rouen.

1668. Premier registre paroissial.

1673. Nicolas Deschamps, curé.

17 mai 1699. Nom. de collecteurs pour cueillir le droit de mesurage des foires et marchés.

6 nov. 1712. Les habitants enrôlent M. de Montigny aux 2 sols par livres, sur le pied de 1,000 livres. — 26 nov. Ils consentent que led. M. de Montigny soit ôté du rôle et que la taille soit répartie sur tout le corps de la communauté.

1713. 2 curés : Claude Renault, 1re portion ; Léonard Sceard, 2e portion. — 19 mars. Délibér. pour soutenir un procès à propos de la fondation faite à l'église par le sieur de la Vastinge Morin, président en l'élection.

11 oct. 1716. Nom. d'un collecteur porte-bourse pour 1717, comme ils y ont été condamnés par sentence rendue en l'élect.

19 févr. 1719. Jean Delangle est nommé procureur-syndic pour 3 ans, à la caution de son père.

27 juillet 1721. Issue des vêpres se présente devant le curé, à l'autel de Ste Anne, Anne Pitache fille de Daniel, laquelle a mis le cierge de Ste-Anne à 20 livres de cire qu'elle veut bien donner pour être brûlée en l'honneur de Ste-Anne et de mériter la protection, ce qu'elle a promis de tenir et accomplir, à la caution de Guillau-

me Haiste.

14 juillet 1724. Anne-Marguerite de la Vastinne, 22 ans, profès de la communauté des dames de la Vatine, est inhumée en l'église. Témoin : Lavatine Morin.

Délib. pour les réparations à faire à l'église ; 25 mai 1727. Experts pour le devis. 4 juillet 1728. Collecteurs pour deniers. 17 juillet 1729. Même sujet.

1731. Le mercredi 17 de janvier, jour et fête St-Sulpice, l'église de Plasnes, après avoir été réparée aux dépens des habitants pour la somme de 5.050 livres levée par arrêt du Conseil d'Etat du roi, fut bénite par messire Louis de Bellemare, curé de Berthouville et doyen de Bernay, député par Mgr Henry-Ignace de Braneas, évêque et comte de Lisieux. L'acte en est dans le registre de cette année déposé au greffe. — De Montfort, prêtre docteur de Sorbonne, curé de Plasnes. — La bénédiction fut faite en présence des curés ci-après : De Bellemare (Hecmanvile) ; G. Morey (Duranville) ; L. Noncher (Franqueville) ; Fr. Richomme (Boisney) ; Delacour (Aclou) ; G. Lindel et J.-B.-B. Deschamps, vicaires de Plasnes. Témoins notables : Laignel, Jean Le Loret. J. Laisné. A. Hamon. Lefebure. D. Deschesne. Pierre Parent. L. Dutheil.

22 septbre 1732. Le curé de Berthouville, doyen de Bernay, inhumé dans le chœur de l'église de P., Jacqueline de Serre, dame du Chesne, Laissart et autres lx,

veuve de Aimard-Antoine marquis de Prye sgr de P. et autres lx, laquelle a été apportée du château de Courbépine où elle est morte le dimanche 20 du dit mois, âgée de viron 85 ans... Témoins : Aimard de Prye, fils de la défunte, abbé de l'abbaye des Vaux ; de Montreuil ; de Martauville..,

Puchot de Champré, curé.

29 août 1734. Nomination d'experts.

23 septbre 1742. Adjudicatn des fruits du cimetière et de l'aumône, pour 40 liv.

1er septbre 1743. Même adjudication pour 120 l., aux charges d'en payer la dîme. — 25 août. Ouverture du tronc de St-Sulpice : 48 sols 6 d. ; du tronc de Ste Anne : 17 l. 17 s.

27 déc. 1745. Les trésoriers sont condamnés en haute-justice du marquisat de Plasnes à faire réparer le chemin passant le long du cimetière, en tant qu'il en tombe à la charge de la fabrique par moitié avec le personataire ; les terres seront apportées dans la cour du trésor ; adjudicatn au rabais du dit ouvrage, par le curé, pour 52 l. 10 s.

25 nov. 1745. Le curé remontre aux paroissiens que M. l'abbé de Prie voulant se relâcher de ses droits au sujet de 3 arbres situés dans le chemin et qui empêchent le passage des voitures, veut bien ne pas les faire arracher comme il lui appartient de droit et qu'il en cède la valeur au profit de la fabrique ; la mise à l'enchère produit 9 l. — Le tronc de Ste-Anne contient 20 l. 13 s. 9 d.

6 févr. 1746. L'abbé de Prie désire faire abattre le mur du cimetière vis-à-vis du chœur de l'église, aboutissant sur le chemin de la Vatine, du côté du personnat, pour faciliter la libre tournée des voitures passant par le chemin entre le personat et le presbytère pour aller joindre le grand chemin de Bernay à Rouen. — Vu l'utilité du public en même temps que celui de la fabrique pour la fermeture de son aumône, les paroissiens consentent.

1746. Fruits du cimetière et de l'aumône vendus 20 l. — Tronc de Ste-Anne, y compris les déboursés pour le voile : 25 l. 1 s. 6 d. — 23 oct. 2 poiriers et 1 pommier secs dans le cimetière sont adjugés au curé pour 20 l. 10 s. ; l'argent en sera employé à repeupler d'arbres le cimetière et la cour de l'aumône.

Vente des fruits : 1748, 39 l. 15 s. — 1749, 80 l. — 1751, 57 l.

29 mai 1774. Importante délibération : réparation des gouttières de l'église ; vêtements pour 3 enfants de chœur ; porte à faire à la cour du trésor ; seconde porte à faire à l'école des filles ; secours à donner au maître d'école qui n'a que 11 pistoles de rente, somme insuffisante à cause de la cherté des vivres Le vase aux stes-huiles étant démonté, le curé (Viel) en demande un autre. (27 signatures; pas de marques)

23 févr. 1790. Déclaration de bénéfice de la chapelle de Ste Croix située au Marché-Neuf, paroisse de Plasnes, par Mre Phi-

lippe-François de Sausin, prêtre du diocèse d'Oranges, chanoine et vicaire général de Lisieux, titulaire de la dite chapelle, demeurant à Lisieux, paroisse de St-Germain : Bénéfice simple non sujet à résidence, dont les biens et revenus consistent en 2 pièces de terre labourables plantées d'arbres, et contenant ensemble environ 5 acres ou 5 1/2 35 perches, suivant la déclaration donnée en 1695 à la chambre des comptes de Normandie, par Mᵉ Christophe Le Nepveu, prêtre, qui en était titulaire ; — Ces 2 pièces de terre sont affermées pour le prix annuel de 320 l. duquel il faut déduire les décimes et autres impositions publiques ; — Les autres charges sont de faire dire 5 messes par an ; — C'est, paraît-il, au seigneur de la terre de Lamberville à entretenir la dite chapelle pour les réparations et ornements ; en 1695 c'était M. de Lespinay-Montigny qui en était chargé ; — il n'a pas été fait soustraction de titres, quoique ne possédant pas tous ceux qui peuvent la concerner.

1790. 1120 habitants, 252 feux ; pas de fonds de charité.

An XI. Registre des délib. municipales — 2 niv. Installation de Pierre-Louis Trefouel, curé. 15 pluv. Le c. m. estime que la présence d'un instituteur est d'une nécessité indispensable à la nombreuse jeunesse de cette commune, et reconnaissant dans le citoyen Pierre Loiseau, qui se présente à cet effet, l'intelligence et la capacité requise pour mériter la confiance des pères de famille, est agréé en qualité d'instituteur ; il lui sera payé annuellement 30 l. pour lui tenir lieu de logement et les enfants qui fréquenteront son instruction seront divisés en 3 classes dont le prix est ainsi taxé : 1re, 25 sols ; 2e, 20 s. ; 3e, 12 s, par mois.

18 janvier 1816. Reclamation de Martin, instituteur, demandant la continuation de son traitement de 1815. — 3 mars. Vente de l'arbre de la liberté ; le produit, 11 frcs est délivré aux indigents.

SAINT-CLAIR-D'ARCEY

Curés : 1470. Richard Berard. — Jean Honfray. — 1498. Richard Le Cerf. — Robert Le Fourbeur. 1499. Nicolas de Gaudon. 1520. Claude Salme.. 1521. Thomas Lamembrey. 1538. Jacques ou Louis Vallet. 1555. Marin Labbey. 1556. Jean Miserey. 1555. Robert Dagommer. 1556. Marin Ourry. 1557, Guillaume Fillette. 1567 Guillaume Dagomer. Marin Labbey. Mathurin Olivier. 1678. Raoul Bernard. 1580 Etienne Langloys. 1581, Pierre Duvaucel. Nicolas Lebel. 1584, Robert Benard. 1588 Jean Bachelet. Jean Besnard. 1628, Isidore Drouet. Fleury Mahyet. 1674, Pierre des Authieux. Pierre Mabyre. 1706, Petit Nicolas. 1740, Claude-François Gaillon. 1783, Pétel. 1785, Charles-Robert Lamy. 1815, Lefêvre, dess[t]. Anaïs.

12 septbre 1538. Erection de la confré-

rie de Charité. 1565. Nouveaux Statuts.

1569. Registre des comptes du trésor.

1586. 2e érection de la Charité.

1614-79. Second registre des comptes

24 mars 1634. Paul de Mahiel, esc, sr de St-Clair, inhumé en l'église.

18 juillet 1645. L'archidiacre visiteur ordonne la décoration du grand autel aux frais du trésor et de la charité. On fait la croix du cimetière.

1651. Visite de l'évêque.

1674. Estienne Briavayne, prêtre, desservant. Elisabeth de St-Clair, marraine.

1723. Jean Véron, vicaire.

20 nov. 1710. Nomination de 2 collecteurs fouageurs par les paroissiens relevant du domaine de Beaumont-le-Roger.

1er nov. 1713. Délib. : procès intenté à Mre Etienne Breavoyne, diacre, à propos de son imposition.

1713. Marie-Jeanne-Adrianne Guenet, veuve en premières noces de Guillaume de Mahiel, chevr, sgr de St-Clair, et en secondes noces de Henri-Louis le Valain, chevr, sgr de Rebais.

17 avril 1720. Mariage de Louis de Malleville, chevr, sgr du Plessis..., avec Marguerite de Mahiel, fille de feu Guillaume et M.-J.-A. de Guenet.

6 mai 1728. Délib. pour les réparations du porche de l'église. Jean Lecerf, charpentier du lieu, fera le travail moyennant 3 livres.

21 nov. 1734. Délib. pour carreler et de

rôles, 12 signatures et 2 marques.

22 juillet 1735. Devant le curé, assemblée des frères de la Charité, dans la chambre d'icelle, pour élire un échevin. Charles Blondel est élu et accepte ; il reçoit le chaperon, entre vêpres et complies, devant le grand autel, suivant la coutume.

23 juillet 1752. Noël Becquet, garde de M. Davilard, fort âgé, s'en retournant de St-Clair à Bernay, fait un faux pas dans la cavée des Bruges, roule au fond et se tue ; la visite du corps est faite par Cosme Damien Grosbois, chirurgien à St-Clair en présence du curé et de 2 paroissiens.

1763. Petel, curé ; Horel, vicaire.

18 mai 1785. C.-L. Lamy, curé desservant.

7 févr. 1790. Registre de la municipalité. Election de nouveaux officiers municipaux. Lamy, curé, élu maire par 53 sur 65 voix. Population : plus de 700 âmes. — 22 févr. Lettre patriotique à la municipalité de Bernay. — Le dit jour. Projet d'acheter une chapelle complète, de décorer les autels de St Gourgon et de la Sainte Vierge, d'orner les murs, de faire faire des tableaux pour la décoration du chœur jusqu'à la concurrence de 2,000 livres. — 31 mai. Les assemblées municipales se feront dans la maison de la charité.

1791. 8 nov. Traitement du maître d'école : 150 l. — 9 nov. Louis Leprêtre, du lieu, est élu maître d'école ; il élèvera la jeunesse dans la Religion catholique... ; il instruira gratuitement les enfants.

1792. — 10 juin. Discussion pour l'endroit ou planter l'arbre de la liberté. - 25 nov. 2 cloches ; impossible de les séparer, vu l'éloignement des hameaux. - 30 spbre Serment par Lamy, curé, et Jean-Baptiste Broutin, vicaire. — 7 oct. Serment par L[s] Leprestre, maître d'école. — 1er déc. Hommage au civisme de Lamy, curé du lieu.

1793. — 15 septbre. Contestation au sujet de la prise du bâton de la Vierge. — 22 septbre. Communication d'un projet de donation de 400 livres de rente, en faveur des 4 plus nécessiteux, par Jacques-Etienne-Victor de Flavigny, de St-Clair. — Population : 1,040 individus dont 220 ont droit de voter. - François-Bernard-Augustin de Mahiel réside à Dreux.

An 2. — 4 frim. Brûlement des titres féodaux ; 2 individus condamnés. — 28 pluv. Argenterie de l'église : 2 calices, 2 patènes, 2 croix. Descente de la petite cloche, — 26 vent. Ordre de faire disparaître de la ci-devant église, dès aujourd'hui consacrée à la Raison, tous les signes de la superstition et du fanatisme. Le ci-devant curé Lamy est requis de remettre : 1 calice, 2 patènes, 1 ciboire, 1 soleil, une custode, 1 reliquaire. — 4 germinal. Opposition d'enlever les meubles de la fabrique et de la charité. — 20 ger. L'horloge du temple. — 30 flor. Le nom de la commune rappelle le fanatisme ; il est changé en celui des « Monts d'Arcey »

— 30 germ. Lamy nommé instituteur, est suspendu, le 10 prairial, et remplacé par Jean-Baptiste Le Comte, géomètre, du lieu — 7 fruct. Vente des meubles de l'église Lamy, officier public.

An 3. — 20 pluv. Objets remis au district : 1 soleil, une custode, 3 boîtes à huiles, 1 œil, 1 calice, une patène, 1 ciboire, le tout pesant 7 marcs 5 onces 4 gros ; étain, 123 livres ; cuivre, 81 l. ; plomb, 44 l. ; fer, 1488 l. ; métal, 9 l., 4 grilles de fer, une cloche, 20 chasubles, 10 chapes pentes du dais, couverture du tabernacle, 16 aubes, 3 bannières, 1 paquet de fil écru 1 chapelet, etc.

An 4. — C.-R. Lamy prête serment. - 9 pluv. Arbre de la liberté. 12 vend. Lamy se propose d'exercer le ministère du culte catholique dans la commune.

11 germ. an 4. La municipalité expose que, depuis quelque temps, il se commet quantité de brigandages et d'assassinats ; les habitants montent la garde et font des patrouilles ; ils demandent 12 piques au district qui les accorde.

An 6. 3 vend. Serment de C.-R. Lamy.

An 11, 2 niv. Thomas Lamy, curé, est installé. — 13 fruct. Déclaration de C.-R. Lamy, évêque démissionnaire : il a fixé son domicile à Paris.

1806. La paroisse de Corneville a été réunie pour le culte à celle de St-Clair, et la cloche de Corneville a été pendant plusieurs années dans le clocher de St-C.

[illegible] de Corneville étant [illegible] paroisse, ladite cloche fut [illegible] pour être [illegible] de Corneville, qui [illegible] haut au moins ; aucun des [illegible], tous en furent quittes pour une grande frayeur, notamment M. l'abbé [illegible], curé de St-[illegible] 1791, évêque constitutionnel jusqu'en 1802. (Notes de l'abbé [illegible], desservant de St-[illegible] ; 1834).

1828. Construction d'un presbytère ; il coûte [illegible] francs environ.

SAINT-AUBIN-LE-VERTUEUX

1482. Mort de Guillaume Cheval, curé. 27 oct. Gilles Pontbriant est présenté à la cure.

1484. Contestation entre Christine Bellanger, veuve de Gabriel de Grieu, seign. de St-Aubin, et les religieux de Bernay, au sujet du droit de présentation à la cure. — 30 janv. Transaction entre les parties.

1528. Contestation entre les religieux de Bernay et Marguerite Filion, veuve du s[r] de Grieu, à propos des droits honorifiques. — 4 déc. Accord entre les parties.

1616. Transaction entre [illegible] de Grieu, s[r] de St-Aubin, et Nicolas Le Vellain, s[r] de [illegible], à l'occasion d'un banc placé par ce dernier dans le [illegible].

1631. Jean Loyer, curé.

1680. [illegible] honorifiques et au [illegible] préséance [illegible] de Bernay, pour le [illegible]

[illegible] mars 1688. Baptême de Gaston de Grieu, fils de Gaston.

1692. Procès-verbal d'enquête pour les droits honorifiques contestés : cloches, etc.

29 nov 1693. Nomin. d'un sindic-procr, pour vaquer aux affaires de la paroisse qui regarderont le commun : lequel vaquera à ses frais et périls, parce que les paroissiens le consulteront, et ne sera rien délibéré qu'en sa présence, autrement il ne serait garant de l'événement des procès ni sujet à les poursuivre à ses frais, parce que les paroissiens pour aucunement le récompenser ont consenti qu'il fût diminué de la somme du rôle de la dernière année passée. Nomin. d'un collecteur. Nouveaux enrôlés. (12 signatures et 5 marques.)

8 déc. 1693. Délib. sur l'urgente nécessité des pauvres ; collecteurs ; rôles.

2 févr. 1694. Procureur nommé pour répondre à un procès en l'élection. 24 févr. et 27 nov. 1695. Délibérations analogues.

3 mars 1696. Arrêt du Parlement de R. condamne M. de Grieu à 12 l. d'amende & à retablir les armoiries de l'abbaye de Bernay qu'il avait fait enlever du chancel et vitre de l'église de St-Aubin-le-V., par Doynel, maçon, du consentement du curé ; défense à celui-ci de faire les prières nominales au prône pour le dit de Grieu et sa famille.

20 févr. 1697. Délib. sur les réparations qui sont à faire au presbytère après le décès de Me Nicolas Yblenon, vivant curé.

1er juin 1727. Dél. pour les réparations de l'église ; pouvoir au trésorier.

12 nov. 1730. Simon Chanu, sindic. Capital de la taille : 1558 l. — 1782. Capital : 1900 l. ; gratification : 60 l.

1736. Jérôme-Gaston de Grieu, chevalr, sgr du lieu.

1741. Jean du Houlley, chr, sgr du lieu.

4 juin 1757. Baptême de Adelaïde Rosalie-Thérèze du Houlley, fille de Jean, chr, sgr et haut-justicier de St-Aubin-le-V, le Hazeray, Piquet et autres lieux, consr du roi en sa cour de Parlement de Norm. et de Marguerite-Rosalie-Thérèze-Hélène de Mellemont. Parrain : Jean du Houlley, chevr, baron du Houlley, sgr de Fumichon, St-Pierre de Cantelou, Firfol, Bellemare et autres lx, cr du roi en sa cour de Parlt de Paris. Marraine : Catherine-Thérèze de Lombart le Maine (?) de Mellemont.

10 nov. 1780. Inhum. de maître Jean Hubert Descours, âgé de 80 ans. Lefranc, curé.

22 nov. 1814 Incendie chez Gruchet.

SAINT-LÉGER-DU-BOSDEL

2 avril 1398. Devant Pierre Du vallet, tabellion à Bernay, fieffe par Pierre de Fossés, escuier à Laurent Auverey, un jardin appellé le Jardin Huvain, assis à St Léger le Bordel, jouxte la mare de la ville

25 janvr 1380. Devant Johan Boutetronc, tabellion à Bernay, Johan Traversain, de St-Léger-le-Bordel, prend à rente

de Philippot Pallu, escuier, seigneur de St-Léger-le-Bordel, 2 pièces de terre contenant 7 vergées, assises en ladite paroisse.

28 oct. 1392. Devant Jehan Gruel (?), clerc tabellion à Bernay, échange entre Pierre Auveré, de St-Léger-le-Bordle et Drouet Le Vieil, seigneur du lieu, de pièces de terre.

26 oct. 1398. Devant Jehan de Neuilly, tabellion à Bernay, Pierre Auverey, de la paroisse de Saiut-Légier de Bordel, prend à rente de Jehan Le Vieil, bourgeois de Bernay, une pièce de terre assise à St-L.

24 juillet 1415. Devant Robert Adeline' tabellion à Bernay, Guille Defosseiz, esc[r] sgr et patron de St-Léger-le-Bordel, baille à rente à Laurent Collet, un jardin...

27 oct. 1535. Au tabell. de Serquigny, Me Guillaume Chembellan donne au trésor le Clos aux Tuilliers, proche les bois de Courcelles.

20 mars 1565. Devant les tabell. de la viconté de Montreuil, à Bernay, Raoul de et du Verger, et Anne de Chasteaubryant, son épouse, dame de St-Léger-du-Bodel et Camfleur, font échange de 2 pièces de terre avec Nicolas Osmont; de St-L.

1605. Premier registre des baptêmes et des lectures de contrats d'acquêts.

15 janv. 1606. Assemblée de 13 paroissiens pour élire des assietteurs et collecteurs de la taille.

3 nov. 1613. Guillaume Lemercier donne au tresor 30 sols de rente, à charge de

prières.

8 mai 1633. Délib. pour procès ; pouvoir au trésorier.

6 nov. 1633. Délibér. pour soutenir le procès intenté par Jean Gardin contre les paroissiens de Drucourt, à propos de la taille.

2 septbre 1635. Election d'un fouageur et d'un arrière-fouageur.

31 déc. 1640. Décès de Louis de Marc, esr de la Ferté, Thibermesnil et St-Léger, gn du roi et général en la cour des aides de Norm. ; par testament, il donne au trésor 100 l. pour fonder une haute messe. 12 avr. 1665. Mme de la Ferté exécute cette fondation et donne 120 l. à cet effet et pour faire bâtir une sacristie.

1643-44. Délib. au sujet de la taille.

2 mars 1645. Nom. de collecteurs après avoir reçu serment.

21 juin 1666. Françoise Toutenel, mariée en 2e noces à Olivier Morin, donne au trésor 400 l. à charge de prières.

3 mai 1677. Noël Fervaques donne au trésor 21 l. 18 s. de rente, pour prières.

3 mai 1682. Feu Jacques Harene donne 30 l. au trésor, pour 2 messes basses.

15 oct. 1685. Marguerite Le Carpentier donne au trésor une vergée de terr la Croix-Groquet, à charge de prières, à

7 août 1686. Marguerite Boudier femme de Jean Roussel, donne au trésor 2 pièces de terre aux Esmoliaus, pour prières.

28 oct. 1687. Donation au trésor par

Anne de Bierre, veuve de Gille Le Couturier, d'une demie acre de terre sise à Rostes, à charge de prières.

24 nov. 1691. Linges du trésor : 44 serviettes bonnes et onze vieilles, 10 doubliers cuvragés, 29 nappes et doubliers de toile, 6 couvertures d'images, 3 vieilles aubes...

18 janv. 1694. Même détail, plus une aube et 8 pièces de fil. — Taupin, vicaire.

7 mars 1694. Nom. d'un porte-bourse et 2 collecteurs pour la somme de 50 livres que les paroissiens ont promis donner à un milicien de hors paroisse, n'en pouvant fournir un qui soit de la paroisse.

2 déc. 1696. Collecteurs des Etanciles.

11 oct. 1699. 16 pistoles sont accordées à Me Collet du Homme, pour acquitter les fondations de la paroisse.

1er juin 1700. Linges du trésor : 11 doubliers, 12 grandes nappes d'autel, 12 nappes moyennes et petites, 59 serviettes, 6 couvertures d'images, 4 bordures d'autel, 1 voile de taffetas bleu, 8 pièces de fil.

25 mars 1714. François Motte, sindic. Délib. au sujet de la fondation de feu Mre Louis Mareq de la Ferté, sgr du lieu, qui aurait aumôné 75 l. de rente aux pauvres, par testament, à Rouen, le 30 mai 1704. Les paroissiens consentent que haute et puissante dame Magdeleine de Civille, ve du dit seigneur, remplace la dite somme sur sa terre de Hertemare..., et qu'elle fasse mettre à ses frais, dans le chœur de l'église de St-Léger, « un épitaphe pour

éternelle mémoire dud. seigneur bienfaicteur des pauvres. » Pouvoir au syndic.

(Le 11 septbre 1698, Mlle Vatine femme de Jacques Bunette, s[r] de Loraille, est inhumée dans l'église.

3 juin 1714. Assemblée des paroissiens au sujet de l'age et de la naissance du s[r] Charles Buntte ; ils attestent que les registres de son temps ont été perdus et ils certifient que le dit s[r] Charles Bunette, s[r] de Melicourt (?), est né dans lad. paroisse de St-Léger, du s[r] Jacques Bunette, s[r] de Loraille, officier dans la vénerie du roy et ci-devant conseiller du roy en l'élection de Bernay, et de Marguerite Morin ; il est âgé d'environ 42 ans.

1718. Assemblées sous le portail.

19 févr. 1719. Pierre Rimbert est nommé pour faire les fonctions de syndic et gérer les affaires de la paroisse ; il ne sait signer.

1746. Jacques Chrétien, écuyer, sgr de Fumichon, épouse Françoise Le Seigneur de St-Léger, fille de Jacques Le Seigneur de Bantot, éc[r], sgr de St-Léger, Campfleur et autres lx, et de Cécile de Papavoine de Canapville.

1744. Il y a à St-Léger 513 acres 3 vergées 33 perches de terre tant en domaine fieffé que non fieffé. (Coll. E. V.)

6 mai 1760. Mme de St-Léger, 56 ans, inhumée dans le chœur de l'église.

25 mai 1765 Baptême d'un Indien âgé de 14 à 15 ans, que feu M. le chevalier de

St-Léger, lieutenant de vaisseau du roi, a amené avec lui de son retour des Indes chez M. de St-Léger, son frère.

18 déc. 1769. Baptême d'une fille que M. le chevalier de St-Léger a amenée avec lui revenant des Indes, il y a environ 7 ou 8 ans ; elle avait environ 4 ans. Parrain et marraine : Franç[s] Le Seigneur, sgr de St-Léger, et Marie Gueroult, son épouse. — 9 janvier 1772. Décès de cette indienne, âgée de 16 ans. M. le chevalier de St Léger, qui l'a amenée, est mort il y a environ 7 ans.

7 mai 1770. Massieu, curé, 72 ans, inhumé dans le chœur. — 15 nov. Jacques Leseigneur, éc[r], sgr de Bautot, St-Léger, Campfleur et autres lx, 71 ans, est inhumé dans le chœur.

25 nov 1772. Samuel Brady, écuyer, né à Dublin en Irlande, âgé de 23 ans, abjure l'hérésie de Luther et fait profession de la foi catholique ; il est en péril de mort et meurt le 28 ; il est inhumé dans le chœur. Mutel, poète de Bernay, fait au défunt une épitaphe en latin. Richard Brady écuyer, docteur en médecine, témoin. Lefebvre, curé ; Robert Saxus, vicaire.

1780. Marc-Antoine-François-Marie Le Seigneur, chevalier, sgr de St-Léger-du-Bosdel, Camfleur, le Parquet et autres lx, ancien capitaine au régiment royal des vaisseaux, chevalier de St-Louis. — 10 décembre. Echange entre led. sgr et les paroissiens, pour l'embellissement des avenues de son château, d'une masure attenante au presbytère, avec une terre d'aumône appartenant au bénéfice-curé.

1780. La paroisse est un plein fief de haubert ne s'étendant sur aucune autre paroisse, relevant de la baronie de Plasnes. La dixme se réglant par les mouvances de la seigneurie et celle-ci par la dixme. 80 feux.

1790. 321 habitants. 94 feux. Pas de fond de charité.

1792. 8 mars. Bernay est menacé et doit être attaqué samedi prochain ; la garde nationale marchera à son secours. 18 mars. En l'église de Menneval, les g. nx du lieu et de St-L. nomment leurs officiers 6 mai. Pétel, curé, déclare aller à St-Pierre-des-Cercueils. (Voir : Semaine religieuse d'Evreux, 1879.) — 30 septbre. Behue, 73 ans, curé constitutionnel, prête serment — F.-M.-A. Leseigneur, maire, donne sa démission ; il réside à Rouen, ainsi que son épouse, Marie-Catherine-Marguerite Gueroult. 2 déc. Leseigneur, rentré dans son château, est renommé maire.

1793. 4 août. Leseigneur, 62 ans, demande aller à Rouen pour rétablir sa santé. — 27 septbre. Le conseil général et la société populaire certifient que le citoyen F.-M.-A.-M. LeSeigneur, originaire de cette commune, et officier municipal, a donné constamment des preuves de civisme depuis la Révolution. Qu'il a rempli la place de maire, avec zèle et exactitude, jusqu'au mois de novembre dernier. Qu'il nous a prié de le remplacer, à cause de ses infirmités. Qu'il n'a accepté la place d'officier municipal qu'il occupe actuellement, qu'aux conditions que nous trouverions bon qu'il fit faire les remèdes nécessaires à sa santé, soit à Rouen où il a depuis longtemps un domicile, ou autres endroits nécessaires, à quoi nous avons consenti et lui avons donné plusieurs fois les passeports nécessaires..... Qu'il est inscrit dans notre garde nationale dès son origine. Qu'il a donné plusieurs arbres de la liberté, pour cette commune et des voisines. Qu'il a donné en plusieurs fois plus de six cents l'vres pour notre recrutement. Qu'il lui a été pris pour les armées, deux chevaux de carrosse qui étaient revenus de Rouen pour labourer les terres qu'il fait valoir, que nous avons estimés dans le temps avec les harnois quatorze cents livres et qu'il nous a déclaré ne lui avoir pas été payés... Il a payé 1800 livres de don patriotique, quoiqu'il n'eût été taxé qu'à 1500 livres. Qu'il s'est trouvé aux différentes assemblées primaires et autres. 27 oct. Procès avec Camfleur et Courcelles à propos des « communes. »

An 2. 23 frim. Sauf une trentaine d'aveux, tous les titres féodaux sont brûlés au pied de l'arbre de la liberté. 24 germ. Behue remet ses lettres de prêtrise, cesse ses fonctions curiales et se retire à Elbeuf, chez son frère. — Leseigneur, né le 14 mai

1730, est à S-Léger. — 29 flor. La femme du dit demande à prendre chez elle la jeune Le Roux, âgée de 14 ans, originaire de Dieppe, étant sans moyens de subsister de la part de ses parents. — Il y a un instituteur auquel il est dû la somme de 400 livres. — 25 prair. Démission de Leseigneur ; son épouse est née à Bernay.

Behue, paralysé, demande un vicaire.

28 frim. an XI. Installation de Sebastien Honoré Petel, desservant.

18 therm. an XII. Installation de Jacques-François Anaïs, desservant ; traitement : 500 l.

1812. Chanu, desservant.

25 janv. 1820. Installation de Marnière, desservant.

9 mai 1847. Il est question de démolir les 2 églises et d'en faire construire une proche le hameau des communes.

ROSTES

1668. Premier registre paroissial.

18 déc. 1700. P. Regnoult, curé, dénonce au lieutenant de police de Bernay plusieurs filles et femmes de mauvaise vie.

29 juin 1704. Assemblée des paroissiens en état de commun, pour les gages du vicaire ; vu les charges et les réparations qui sont à faire et la taxe de 262 l. à payer pour les droits d'amortissement, ensemble la somme de 60 l. due au s^{r} Collet ci-devant vicaire, auxquelles on ne peut satisfaire faute d'argent ; on accordera au

vicaire 160 l. à charge d'acquitter 275 messes de fondation ; en outre, on lui cède la maison de St-Pierre avec l'herbe et les fruits du cimetière, valant plus de 20 l. de revenu.

18 juillet 1706. Les gages du vicaire sont augmentés de 40 l.

11 mai 1732. Il sera fait un obitaire ou état des fondations conforme à celui de 1658 ; il sera payé 160 l. pour le prêtre.

1749. Pierre Foucques Dorville, curé.

7 mars 1756, Dél. pour réparer le pavé de l'église, le mur du cimetière et la maison de St-Pierre.

1757. On raccommode la muraille qui sépare la nef du chœur. Elévation de la voute à la hauteur des lambris du chœur. On refait à neuf les deux petits autels : niches pour la Vierge et S. Sebastien ; travaux adjugés à Toutenelle pour 300 l. Le 16 oct, M. St-Léger se présente pour perfectionner ledit ouvrage. Deux ouvertures sont percées dans la muraille au-dessus de chaque côté de l'arc triomphal afin de donner du jour dans la nef. Façon des lambris du chœur. La voute est faite par Fromage.

1758. 11 juin. Visite et acceptation des petits autels. 24 septbre. Réparation du pavé, de la vitre et des fonts. — 19 nov, Les paroissiens sont d'avis de faire ôter le portail d'où il est, de faire murailler la porte et de faire faire une vitre dessus semblable à celle qu'on a faite de l'autre côté ; de faire faire une nouvelle porte pour fermer le portail au dehors, parce qu'à l'avenir on entrera dans l'église par cette porte... qu'il faut faire élargir... pour passer commodément avec le dais. Il est permis en outre de vendre le bois dud. portail.

1759. 2 oct. Raccommoder la charpente des 2 cloches ; acheter des rideaux pour les autels.

1761, 17 mai. Faire peindre et décorer les 2 petits autels, par Lefrançois, pour 40 livres ; renduire le portail.

1764. Coffre à 3 serrures pour titres ; table à pain bénit ; lampe ; réparations.

3 mars 1765. Il n'y a point de servantes dans le cas de payer la capitation.

30 mai 1784. Davout, curé, est inhumé dans le cimetière.

14 septbre 1788. Pierre Moulin, curé, est inhumé dans le cimetière.

1790. 224 habitants. 68 feux. Pas de fonds de charité.

2 thermidor an 2. Etant, depuis 2 ans, réunis pour le culte à Clarsix, les habitants demandent le rétablissement de leur église et offrent 500 fr. pour traitement d'un desservant et 50 fr. pour logement, à défaut de presbytère.

8 avril 1806. Ifs du cimetière mourant sur pied, vendus pour réparer l'église.

1806. Pierre Louis Ecalard, maire.

1817. Contestation avec Serquigny à propos du droit de pâturage des communes sur les bruyères de Courcelles. Pont de Courcelles à Fontaines, titre de 1602.

3 août 1833. Opposition à la vente faite de l'église et du cimetière ; les habitants demandent leur désunion d'avec Carsix et l'ouverture de leur église.

1836. Carsix veut obliger Rotes à payer sa quote-part pour le desservant ; l'église est réservée pour le culte, et le desservant de Carsix y fait l'office.

1844. 16 févr. et 12 mai. Arrêtés mun. ordonnant la fermeture des colombiers. — 7 juillet. « Nous tenons beaucoup à notre « église et à notre cimetière, par respect « pour les cendres des parents qui y repo- « sent... » ; comme ils ne demandent à personne pour l'entretien de leur église, ils demandent à être maintenus tels qu'ils sont et refusent de s'annexer à Carsix.

1845. 9 mars et 8 juin. Projet de réunion à St-Léger, pour le culte.

1846. 8 févr. La réunion est acceptée, « mais sous la condition expresse que no- « tre église nous sera rendue comme cha- « pelle, ainsi que notre cimetière, et en- « tretenue par les deux communes aussi « bien que la succursale. » — 10 mai. Dernière délibération communale.

Autres noms de curés et de vicaires : 1673. Lefage, v. 1698. Racine, v. 1747. Aubry, v. 1749. Mauduit, v. 1784. Lesage, desservant. 1786. Moulin, c. 1788. Olivier, dess. Tassel, curé.

St-NICOLAS-DU-BOSC-L'ABBÉ

22 févr. 1693. Délibérat. de la communauté : pouvoir à Jacques Amiot de pour-

suivre à la cour des aides de Rouen le procès intenté par un taillable, attendu le jugement rendu à Bernay, en l'élection. — Mardi 24 févr., jour de St-Mathias, après la messe paroissiale, assemblée et délib. Pouvoir à Jacques Amyot de faire payer des sommes qui ont été rendues aux collecteurs des années 90 et 91, suivant une quittance mise aux mains de Jean Amiot, vu le pouvoir que les paroissiens lui ont donné pour le remboursement du cavalier qui était en garnison dans la dite paroisse

28 septbre 1698. Devant Nicolas Leserceilley, prêtre, admis pour desservir la paroisse, nomination de 3 collecteurs, bons et solvables, pour cueillir les deniers à taille de 1699. Le 29, fête de S. Michel, délib.

20 nov. 1701. Délib. pour enrôler et derôler ; barrée avec cette mention : « faite par surprise. »

1702. Jean Amyot, desserv[t], puis curé, est inhumé, le 28 juin, dans l'église de St-Victor-de-Chrétienville.

1703. Jean-Baptiste Dirlande curé.

23 août 1705. Charles Dirlande, fils d'Alexandre Dirlande, écuyer, sieur du lieu, et de Marie-Charlotte Simon, âgé de 2 ans est inhumé dans l'église, ; présents : Alexandre Dirlande, écuyer ; Anthoine Dirlande, écuyer, s[r] du Bosc-le-Comte.

St-MARTIN-LE-VIEIL

1496 Pierre Conard et Jehan Thuret, prêtres.

1628. Premier registre paroissial.

1652. Gruel, curé.

1657. Michel Gontier, prêtre.

1669. Pierre Harenc, vicaire. -- 20 juin. Baptême de Gabriel, fils de François Le-Filleul.

1736. Messire Ollivier-Joseph Filleul, chevalier, seigneur et patron de St-Martin le Vieil et de Brocourt, sgr et patron ht-justicier du Marais de Crocq et autres lx, consr du roi, maître ordinaire en la cour des comptes, aides et finances de Nomandie, demeurant à Rouen, rue Etoupée, paroisse de St-Pierre L'Honoré, est en procès avec messire Jacques-Pierre-Charles Le Compte de Nonant, sgr de Bretoncelle et de Brocourt, pour la remise des titres du fief de Brocourt acheté par led. sr des Chesnets, le 26 octobre 1733. — 30 juin 1736. Sentence en faveur de l'acquéreur.

7 avril 1752. Pierre Hardy, curé, inhumé dans le chœur. Témoins : Me Henry-Thomas Hardy de Boisdavid, avocat; M Thomas Hardy, acolyte, neveux du défunt.

8 avril 1755. Adrien Pinchon, curé, 50 ans, inhumé dans le cimetière. — Jouin, desservant. -- Louis-Gabriel Coupey, curé. M. le commandeur des Chesnets.

16 M. Le marquis de Gauville, capitaine des chasses de M. le comte de Provence époux de Mlle Deschesnets.

1771. Labigne, curé de Condé, est de St-Martin.

Inscription gravée sur une pierre placée à l'intérieur de l'église, au-dessus de la porte d'entrée :

« L'an 1768 [Marie Joseph Roch de Gavville [& Appoline Magdeleine Filleul [son épouse seigneurs et [patrons de cette paroisse [ont fait placer cette horloge [pour l'utilité de leurs [paroissiens. »

1790. 167 habitants. 40 feux. 8 livres de fond de charité.

4 therm. an 5. Les habitants reclament leur horloge enlevée par St-Vincent-du-Boulay, où ils avaient été réunis.

LE TILLEUL FOL-ENFANT

1632. Registre des lectures et publications.

1669. Jacques Simon, vicaire.

1790. 88 habitants. 18 feux. 2 acres de terre au bénéfice curé.

St-VICTOR-DE-CHRETIENVILLE

1652. Gruel, curé. 1657. Michel Gontier prêtre. 1669. Pierre Harenc, vicaire. 20 juin. Baptême de Gabriel, fils de François Le Neuf, escr, sr de Montenay.

Mention sur le registre parois. de 1636 :
Le cardinal de Richelieu trouble tout.
Le roy de France demande tout.
Le roy d'Eneleterre risque tout.
Le prince d'Orenge s'empare de tout.
L'Houlandois fournit tout.
Le roy d'Espagne reclame tout.
L'empereur délivre tout.
Le pape accorde tout.
Si Dieu ne met la main partout
Le diable emportera tout.

1664. Mr de St Victor, curé.

1670. Charles Filleul, escr, curé du lieu.

5 juin 1676. Jacques le Filleul (70 ans), inhumé dans l'église. — 29 mars. Bapt. de François-Louis, fils de Louis Filleul, escr, sr du Hamel et de Marie-Françoise Lebreville (?). — 1678. N. Le Grand, vicaire.

1683. Philippe Deschamps, chevr, sgr de l'Epinay, la Gruelle, sgr et patron de la Goulafrière et St-Laurent-des-Grez, marié à Catherine Le Doyen. — 19 août. Mariage de Anne, leur fille, avec François de Troussauville, du Favril. — François le Neuf, escr, sr de Montonay, sgr et patron de St-V., et sgr de Sourdeval. Périer, vic. Haron, desservant le deport.

Délib. de la communauté : Nomin. des collecteurs des droits de fouage dus à la vicomté et haute-justice de Brionne.

Lecture des contrats d'acquêts.

6 janv. 1690. Dél. pour les deniers dus au cavalier pendant 10 jours. 7 signatures. Autres délib. pour le même objet et pour le milicien.

22 avril 1693. Testament de Jean Douis. 31 mai. Testament de Catherine Ledoyen veuve de Philippe Deschamps, escr, sr de Lespinay. — 21 févr. Cotisation des pauvres. — 15 mars. Dél. sur la somme de 90 l. léguée par Mr Jacques Gonier, curé de St-Martin de Chaumont.

Les pauvres sont au nombre de 68.

7 mars 1694. Délib. Le curé propose de détourner le chemin qui va de l'église à

Plainville et de le faire aller par le pré de l'aumône pour l'enclore dans le presbytère et en faire un manoir ; autorisation.

1700. Déclarations des fiefs existants.

1701. 1er juillet. Testament de Noël Semaley ; il donne au trésor 50 l.

1702. Charles Jumelin, sindic perpétuel.

26 mars 1703. D. Procès pour un banc enlevé par Antoine Sourdy, esc, sr de la Soudière. 22 avr. Fieffe des bancs dans la nef : 40 sols chaque. — 18 juin. Testamt de Jean Amiot, prêtre.

19 mai 1707. Louise, fille de Gabriel de Sourdeval, inhumée dans le chœur.

6 mai 1708. Il sera donné à Jean Allaire, couvreur en tuile, 18 l. pour réparations faites à l'eglise.

1710. Le septiesme jour d'octobre, en faisant la sépulture de Charles Gontier, fut treuvé dans l'église, proche l'autel S. Michel, un cercueil de plomb, lequel aïant été tiré on trouva un corps encore dans tout son entier et sans aucune corruption, quoiqu'il fût décédé le troisiesme octobre mil cinq cents quatre-vingt trois, suivant l'épitaphe attachée à la muraille, lequel cercueil fut transporté dans dans le cœur sous le banc de Madame de Montenay le neuviesme octobre de la présente année 1710. Il se nommait Nicolas Deschamps, écuyer, seigneur de St-Victor, conseiller au grand conseil.

11 nov. 1710. Délib. à propos d'une fondation par Pierre Leneuf, ec, sr de Cour-

tomer, curé du dit lieu, et Gabriel de Montenay, éc^{r}, s^{r} de Sourdeval, neveu du curé et sgr de St-V., pour une école de filles.

21 mars 1712. Pierre Montenay LeNeuf éc^{r}, s^{r} de Courtonne, curé de St-V., 74 ans, inhumé dans le sanctuaire.

11 déc. 1712. D. Procès avec le s^{r} Oursel, déportuaire, imposé à 200 l.

1713. Le curé et le vicaire se transportent chez Marie Deschamps, veuve de Jacques Delapierre, au hameau de Chrétienville, pour lui reprocher sa grossesse et sa conduite scandaleuse.

7 mars 1719. André Deschamps, est élu syndic et procureur, 9 signatures.

23 nov. 1721. Mariage de François-Léonard Leblond, éc^{r}, avec Mlle Boisgruel.

1728. Jacques Houssaye, sindic. 1er ju^{et} Dame Catherine Lemyre, épouse de M. de Bois-David, garde du r, inh. dans l'église.

1739. Nicolas Le Rebour, sindic.

14 mai 1750. Marie-Madelaine Lemétayer, fille du sgr de la Haie-le-Comte, inh. dans le chœur.

Ier mai 1752. Guillaume Hardy, curé, inhumé dans le chœur.

7 déc. 1753. Marie Gouyer, femme de Jean-Louis de Chasot, éc^{r}, 26 ans, inhum. dans le chancel.

1778. Résignation de la cure par l'abbé de Boisgruel. Prise de possession par Richer, Constantin-Augustin-René, prêtre de Bayeux, né à St-Martin-du-Bois, le 3 oct. 1747. Richer meurt le Ier juillet 1786, sur les 4 h. du matin. Les paroissiens refusent de garder le corps qui est en putréfaction. Le défunt laissant une succession embarrassée (plus de 40,000 fr. de dettes), un notaire de Bernay vient, le dit jour, faire inventaire ; il trouve : une croix, 2 tabliers de franc-maçon, un collier en moire, une paire de gants blancs garnis en moire rouge et une frange de faux or, le catéchisme des francs-maçons, un morceau de parchemin scellé d'un cachet en cire rouge sur un ruban bleu, qui est l'admission du dit feu s[r] curé à la loge des francs-maçons de Bernay, un autre morceau de parchemin également scellé d'un cachet de cire rouge concernant le même sujet, un livre intitulé : Les plus secrets mystères de la maçonnerie ; mobilier peu riche. — Le 2, le défunt est inhumé dans le cimetière par le curé de Folleville, doyen de Bernay, en présence des curés de Plainville, Faverolles, St-Mards-de-Fresnes, St-Vincent-du-Boulay. Le défunt est âgé de 87 ans.

1790. 550 habitants. 123 feux. Pas de fonds de charité. Gilles Henry, curé. Pendant la Terreur, ce prêtre resta caché à Montenay et y disait secrètement la messe sous une charretterie ; il émigra et revint à St-Victor où, le 29 frimaire an X, il renouvela sa promesse de fidélité à la Constitution ; installé curé le 28 frimaire an XI une souscription fut faite, l'année suivante, pour lui procurer un traitement de 600 fr.

An 3. Registre de la municipalité. J.-B

Douis, maire. Après le jugement du tribunal criminel de l'Eure, du 20 frim., les femme et filles Cologe sont mises en liberté. — 30 prair. L'église est toute nue, il n'y existe aucuns ornements ni autels ; tous ont été vendus par les commissaires du district. — 7 mess^{or}. Alexis Oursel déclare que n'ayant cessé ses fonctions du culte catholique que par obéissance aux lois, il se propose de les recommencer, vu la liberté des opinions religieuses. — 15 th^{r} Après jugement, 3 habitants sont mis en liberté

An 4. 20 flor. Plantation d'un arbre de la liberté, en remplacement de celui qui avait été mutilé. Dans la nuit du 12 au 13 mess^{r}, le nouvel arbre de la liberté « a été « coupé de viron 6 à 7 pieds de haut en « trois trans avec un couteau, suivant ce « qu'il paraît ; on n'a pu savoir quesqui a « commis le mal fait. » — An X. 2e jour compl. Des malveillants ont écorcé tout autour, de viron 3 pieds de long, l'arbre de la liberté.

14 oct. 1808. Installation de Louis-François Trinité, curé.

9 févr. 1823. Délib. des marguilliers : décoration du chœur, restauration des petits autels, faire repeindre et dorer le maître autel ainsi que les 2 grandes statues de S. Victor et de S. Gilles. Projet de faire aussi un autel tout neuf et en entier en l'honneur de S. Sébastien.

1824. Procès avec Etienne Salle, peintre à Bernay, entrepreneur des ouvrages de l'église. Lavenas, architecte à Bernay, auteur des devis et du procès.

1825-26. Procès avec Mme de Sourdeval à propos de l'emplacement du calvaire.

1826. 9 juillet. Pauvreté du trésor ; acquisition sera faite de 3 chapes, 1 devant d'autel, 1 crucifix d'argent plaqué, une armoire, une bannière ; le maître autel sera redoré ; les petits autels seront remis en état convenable, ainsi que la niche de l'exposition du St-Sacrement. — 11 août. Révocation du conseil de fabrique. — 8 oct. Mme Datteville donne au trésor 24 fr. en reconnaissance de l'autorisation de mettre une pierre sépulcrale sur la tombe de sa mère. Acceptation de la donation faite par Jacques et Nicolas Dubus frères, de vases, effets et ornements d'église évalués 770 fr. — 16 nov. Quête du pain bénit.

1830. 507 habitants.

29 avril 1841. Acquisition d'une cour et maison à usage d'école, situées sur St-Nicolas-du-Bosc-l'Abbé.

1848. Tentative d'érection d'une confrérie de charité. 19 juillet 1857, érection.

Autres curés : 1454. Jean le Héricey. — 1706. Dubourg. — 1713. De Beaurepaire.

SERQUIGNY

1397. Registre de la Recepte des Rentes seigneuriales dues à la seigneurie.

1586. Réparations à la tour de l'église.

1608. Erection de la confrérie de Charité

1610. Registre des comptes du trésor.

1611. Me Pierre Chanu, curé.

1612. Fonte de la cloche.

21 févr. 1627. Certificat des habitants de S. et de Maubuisson, donnant pouvoir à l'un d'eux de poursuivre le procès touchant les « communes ». A la tête du certificat sont Thomas Daché, sieur de S. et Anne Daché.

1634-35. Compte de noble homme messire Charles Dachey, chevr sgr de Serquigny, rendu à Me Jacques Dachey, prêtre, sgr de Marbeuf, prieur commandataire de Grammont.

1641. Linges du trésor : 5 grands doubliers neufs servant au grand autel, 5 longues nappes neuves, 3 moyennes nappes n., 4 vieux doubliers, 3 vieilles nappes et le linge qui sert à couvrir les images, une grande pièce de double-œuvre qui sert à la communion à Pâques, 6 serviettes de double-œuvre, 15 « de toile, 2 nappes neuves, I petit doublier.

1er déc. 1652. C. Dachey échange 4 acres 3 vergées de terre contre pareil nombre des communes ; celles-ci relèvent du roy (et non du fief de S.), à la représentation de l'ancienne comtesse de Beaumont qui en avait fait donation aux habitants.

30 avr. 1656. Erection de la confrérie du St-Nom de Jésus. — 7 oct. 1657. Contrat et règlement devant Jean Beroult, tabellion à S. — 7 oct. Règlement approuvé le 25, par l'évêque de Lisieux. (A. par.)

1659. Premier registre paroissial.

1659-87. Registres du tabellionnage.

1663-64. Le trésor paie pour les meules du moulin. Payé pour le « sildre » de la Cène.

26 juin 1667. L'archidiacre visiteur ordonne de faire une chaire qui fait défaut, 3 confessionaux, une grille au cimetière et des ornements.

1er févr. 1668. Baptême d'Antoine, fils de Jacques Daché et de Charlotte le Caron ; parrain : Guy Daché, sieur des Doux Marais. — 2 curés : Thomas Le Meteyer et Thomas Yon.

1669. Magdelaine Daché Pericar, marre.

15 janv. 1670. Bapt. de Charles, fils de Jacques Daché, chevr, sgr de S. et de Ch. Le Caron. — 14 juin, Bapt. de Hélaine fille de Philippe Derneville-Halbout ; parrain : Pierre Daché, chevalier. — Jacques Amiot, chapelain de la charité. — 11 septbre. Mariage de Pierre Daché, fils d'Anne et de Marie de Tournebut, avec dlle Delanoe. Témoin ; Jacques Daché, chevr, escr sgr de la Morsenglière.

1671. Guillaume Daché Pericard, parra. Philippe Derneville, escr, sgr de Maubuisson. — Il y a une horloge à l'église.

1672. Robert Hermier, curé. François-Charles Daché Pericard, sgr et patron de S

1673. Les communes forment 63 acres ; procès avec Jacques Daché, sur l'instigation de Derneville.

1674. Procès pour une rigole ou canal.

28 janv. Riboire, arpenteur juré, fait le plan des communes et reçoit pour son travail 54 l. du trésor ; quittances.

1673-74. Payé pour le vin et sildre de la Cène, 6 l. ; id. une quarte de bled pour le pain de la Cène. — 10 mars 1674. Mariage de Pierre Daché, sgr de Marbeuf. — Louis Duval, curé.

1681. Robert Hermier, curé. François Dachey, chevalier, sgr du lieu.

1700. Réparation du presbytère : 9 banneaux de sablon, 30 sols ; 4 boisseaux de chaux, 42 s. ; 4 journées d'hommes, 32 s.

1701. Le procès des communes subsiste

1715. Nomination de 2 fouageurs pour cueillir le fouage dû « à la conté » d'Harcourt.

6 mai 1731. Délib. sur les réparations qui sont à faire à la tour de l'église. — Autel du St-Nom de Jésus.

1753. Charles-Gabriel Daché, chevalier de St-Louis, chev^r sgr de Marbeuf, St-Aubin d'Asreville, Setot, du Homme et autres lieux, fils de François-Placide Daché et de Anne-Louise Leblanc du Roulet de la Croisette.

4 nov. 1758. Devant les tabel. de Brest contrat de mariage entre François-Louis Dachey, sieur de Serquigny, capitaine des vaisseaux du roi, chev^r de St-Louis, fils de Guillaume Dachey, comte de Serquigny, chev^r de St-Louis, chef d'escadre des armées navales de S. M. et de Marguerite de Koudant, veuf de Thérèse-Charlotte de

Clairambault, natif de Brest et y demeurant, — et Marie-Véronique de Lisle Penfeudtennion, fille de Mathieu, sgr de Poulbroch, et de Marie-Hélène de Beaumont de Lorgeril, veuve de Félix-François-Marie Gouin de Chapiseaux, vivant commissaire de la marine, née à Rennes et demeurant à Brest. Témoins : André-Jean-Baptiste Mauduit de Semerville, lieuten[t] des vaisseaux du roi, chev[r] de St-L., Jean-Jacques le Sénéchal, sieur de Penanguer, avocat en Parlement, Remy de Kanstres, Guiomar Daché.

1759. Pierre-René De la Roque devient propriétaire de la terre, paroisse et seign[e] de Serquigny, érigée de toute ancienneté en bourg avec foires et marchés et rétabli par des nouvelles lettres-patentes du roi du mois de juin 1651.

10 mars 1771. A Honfleur, tutelle des enfants mineurs de feu François-Placide Daché, écuyer, chevalier, dem[t] à Honfleur avec Louise-Marguerite Duchesne. Parents Anne-Antoine comte Daché, vice-amiral du Ponnant, commandeur et grand-croix de l'ordre militaire de St-Louis, demeurant à Brest, oncle des mineurs, etc., etc.

1774. Procès entre les habitants et leur sgr, le s[r] Delaroque, à propos d'un chemin communal usurpé par lui pour la décoration de son château. 1781. Ce procès dure.

1790. 800 âmes. 12 hameaux. Aubry curé, âgé de 75 ans et étant infirme, demande un second vicaire.

17 avr. 1791. Délib. concernant le logement de la sœur de la Providence, pour l'éducation des enfants de la paroisse ; les écolières payeront le loyer du logement qui se monte à la somme de 60 l. ; 54 sols chaque écolière du lieu et 48 s. pour les étrangères.

1792. 30 septbre. Jean-Baptiste Letellier, 45 ans, vicaire depuis 6 ans, déclare se r tirer en Angleterre. — 14 oct. Malgré la loi du 18 août supprimant les confréries, la Charité continue ses fonctions ; ordre lui est donné de les cesser, ce qu'elle consent. — 26 déc. Estimation de 2 maisons appartenant à la ci-devant charité : une est occupée par le chapelain ; la seconde, occupée par un maître d'école qui n'est plus ; il y a aussi le pré de la charité.

1793, 2 févr Délibération pour savoir si les inhumations seront faites par les ci-devant frères de charité, sans costume, ou par la garde nationale. Les avis étant partagés, il n'est pris aucune solution.

An 3, 2 germ. Se présente le citoyen Aussy. nommé instituteur pour Serquigny et St-Léger-le-Bosdel. — 30 germ. Antoine-Pierre Liard, commissaire pour les subsistances, est nommé instituteur : il donne sa démission de commissaire.

Lieux dits (triages) : Les bruyères du Crocque (Hucroq, donatrice des communes Les Camps aux Bœufs. Les champs des Grès. Les bruyères de la Fayelle. La plaine et les bois de Loquérale. La Palue. Le

Mont des Croix. Prairie de Marebouton. Prés de Bavière, etc.

VALAI LES

1659. Remède souverain contre la peste désigné au curé par Me Jacob Crosnier, échevin de la ville de Rouen.

Remède pour le mal d'estomac.

22 juillet 1690. Baptême d'un enfant mâle apporté à la porte de l'église.

1696. Rémy Collet, vicaire.

5 juin 1712. Adjudication d'une place de banc du côté de l'autel de la Vierge, proche le baptistère, à Jacques Escallard, moyennant 6 sols de rente annuelle.

1770. Deschamps, curé.

1790. 450 habitants. 101 feux. Pas de fonds de charité.

NOTES DIVERSES

9 mai 1400. Jehan Chatel, curé de Ste-Opportune de la Campaigne, héritier de feu Guille Chatel, curé de St-Victor-de-Cr.

1400. Nicole et Jehan Salerne, père et fils, donnent au trésor de l'église de St-Pierre de Malouy 12 sols de rente.

2 avr. 1397. Robert Adeline, tabellion juré à Bernay.

1400. A... le Dionis, curé de Menneval.

1405 Jehan Malart, curé de Caorches.

1459. Guillaume Domey, tabellion à B.

pour la viconté de Montreuil. – 14 juin. Jehan de la Bouissière, curé de Courbespine. — 19 juil. Pierre Lucas, chapelain de la chapelle Ste-Gertrude assise à Bernay. Jehan le Flambart sr de St-Léger le B. – Pierre de Brezé, chevr, sgr de Plasnes à cause de Jehanne Crestain (?) sa femme.

1589. Nicolas Duclos, curé de Plasnes.

1518. Pierre Vivien, curé du Tilleul-F.E

4 janvier 1694. Anne de Mainteternes, veuve de Jehan Deschamps, sieur de St-Victor-de-Chrétienville et président en l'élection de B., d'où une fille, héritière de André Deschamps, sr de la Censerye, son oncle.

166 . Michel Frocourt, curé de St-Nicolas du-Bosc-l'Abbé

1565. Nicolas Chanu, curé de Camfleur

1661. François Joueu, curé du Tilleul-Fol-Enfant.

1610. Lettre de prêtrise à Jacques du Fay, clerc du diocèse de Lisieux,

1650. Robert le Villain, curé de St-Nicolas-du-Bosc-l'Abbé.

1628. Balthazar Deschamps, curé de St-Victor-de-Chrétienville

1er août 1643. Testament de Anne de Pigace veuve de Louis de Mainteternes, à la charité de Menneval.

1616. Nicolas Duclos, curé de St-Aubin le-Vertueux.

1616. André du Bosc, chevalier de l'ordre du roy, gentilhomme ordinaire de sa chambre, maréchal de camps des armées de S. M. en Normandie, sr d'Ernentreville (?), So.rdeval, St-Victor-de-Chrétienville et Caorches.

1616. Marc Haubert, curé de St-Léger-le-Bodel.

1625. Jacques Liberge, curé de Plainville.

1663. Nicolas Chanu, curé de Courcelles.

Camfleur est un huitième de fief de h., relevant du comté d'Evreux, ayant à ce titre des droits de pâturage dans les forêts de Conches et de Breteuil au moyen de 20 sols que le seigneur pay. tous les ans au dit comté ; 12 feux, dont plus de la moitié sont pêcheurs.

Le village des Mollens est dépendant de 5 paroiss.s, savoir : St-Léger, Courcelles, Rôtes et Plasnes; il est composé d'une vingtaine de feux dont il y en a au moins 12 qui relèvent et sont situés sur la paroisse et seigneurie de St Léger, ainsi que 30 acres au moins de la ferme des Mollens qui a donné le nom au village.

9 septbre 1681. A St-Victor-de-Chrétn, baptême de Guillaume du Fay, escr, sr de Carsix, fils de Anne.

7 oct. 1693. Testament du curé de St-Léger. (O)

1er déc. 1611. Donation au trésor de Cornevile par Jehan Dargènees, sr Dorigny ; Claude Lemesle, curé.

1642. Alexandre Desperroys, curé de St-Martin-le-Vieil. (O)

SAINT-MARTIN LE VIEIL

(Suite).

13 oct. 1532. Noble homme Jehan Filleul sgr Deschenectz, demeurant en la ville de Rouen.

24 septbre 1571. Aveu par Ollivyer Filleul, escuyer, aux religieuses de St Léger-de Préaulx, pour ses terres de Mallouy.

5 oct. 1586. Noble homme Maistre Ollivyer Filleul, sieur Deschesnetz, st-Martin le Vieil et Couillarviile. Me Henry Tullou, prêtre curé de St-Martin le Vieil.

1623. Nicolas Dehòessey, curé.

18 juillet 1673. Aveu par Olivier Filleul, esc, sgr des Chesnetz et autres lieux, fils et héritier de feu Ollivier Filleul, à François le Conte de Nonant, chevr, marquis de Fontaines, sgr de Brucourt, etc., pour une pièce de terre à St-M. le V.. bornée d'un bout le chemin de Rouen.

1695. Jean Beaumont, prêtre.

1705. Coupey. prêtre. Mouton, curé.

23 septbre 1708. Louise-Appoline de Bellemare, veuve de Olivier de Filleul, chr sgr des Chesnetz et autres lx, demeurante ordinairement en sa terre des Chesnetz parcisse de Nostre-Dame de la Cousture de Bernay.

1710. Charles de Boislevesque, escr, sgr et patron de St-Martin.

30 août 1714. Louis-Nicolas Broutin, curé de St-Martin des Chesnets, inhumé dans le cimetière. -- Coupey, desservant, puis curé.

10 juin 1728. Jean-Baptiste Coupey, 67 ans, curé, inhumé dans le chœur. — Pierre Marescal, desservant. — Adrien Pinchon, curé de St-M. le V.

NOTES DIVERSES

10 juillet 1665. Guillaume Aubert, de la paroisse de N.-D. de Vienault, viconté d'Alençon, propriétaire de la messagerie de la ville de Rouen en celle d'Alençon et villes, bourgs et passages étant sur le chemin du dit lieu de Rouen à Alençon, baille à ferme à Jacques Bethen, de Bernay, pour 3 ans, la messagerie de ce lieu de Bernay et de Briosne en la ville de Rouen, moyennant 50 l. de fermage par an. (M)

1612. Pierre Boudot, curé de la 2e portion de Plasnes; Michel Dumoulin, curé. — Loys Escallard, curé de Malouy.

1623. Jean Girard, chapelain de la chapelle de Ste-Gertrude de Bernay, demeurant à Paris.

1665. Anne de Malorty, veuve de Robert de Boschenry, escr, sr de Plainville, remariée à Pierre Mallet, escr, sr de la Grue; Jehan de Boschenry, leur fils.

1662. Alexandre Douis, curé de Camfleur.

1588. Jehan Chanu, curé de Plainville.

Novembre 1689. Réparations à la chapelle de la Magdeleine et leprosarie de B.

1687. Confrérie de S. Eloy et de S. Antoine en l'église de Ste-Croix.

1451. Richart Lesenescal, curé de St-Aubin le-Vertueux.

1659. Confrérie du Rosaire à Corneville

1698. Confrérie de la Cinquantaine à Bouffey.

13 mars 1688. Michel Girard, maître sculteur à Bernay, fuit marché avec Guillaume Pellevillain, m^{d} de bois à Granchain

23 nov. 1693. Accord entre Nicolas Yebleron, curé de St-Aubin-le-Vertueux et : 1° l'abbé de Bernay ; 2° Robert Levelain, esc^{r}, s^{r} du Hazeray. (O. manquent au registre du tabel.)

1689. Confrérie de Ste Marguerite fondée en l'église de Ste-Croix par les maîtres chapeliers, Christophe Duthuy, roy.

1691. Pierre Poullet, roy de la confrérie S. Sauveur, en l'église de la Couture.

1730. Confrérie de S. Jean à Fontaine-l'Abbé.

12 janvier 1747. Décès de Léonard de Malortie, chev^{r}, sgr et patron de Serquigny, le Bosgiard, le Breuil et autres lieux

1789. Paul Leprestre, clerc de la charité de St-Clair-d'Arcey.

Inventaire par les tabellions de Bernay. 1786, chartrier de Plasnes. 1759, château de Serquigny. L'abbé de Prye. Château de Courbépine. 1755, curé de Carentonne. 1703, curé de Plasnes. 1701, château des Chesnets. 1707, curé de Courbépine. 1718, curé de Drucourt. 1725, curé de la Couture 1736, martyrologe de Ste-Croix. 1732

Mme de Pryé. 1735, curé de Valailles. 1738, curé de Courbépine. 1746, curé de Camfleur, 1743, curé de St-Nicolas-du-B.L 1753, fabrique de Malouy. 1755, curé de Carentonne. 1781, curé de Malouy. 1784. curé de Rotes. 1785. curé de St-Aubin-le-Vertueux. 1783, curé de Serquigny. 1781, trésor de Malouy. 1779, curé de Courbépine ; curé de Ménneval. 1773-75, curé de Carsix. 1773-74, charité de Plasnes,

4 janv. 1699. Assemblée des habitants de Bernay ; nomination de collecteurs p' le remboursement des charges de voyers experts jurés arpenteurs et greffiers de l'écritoire.

1618 Nicolar Barbelot, adjudicataire des travaux de réparation du port et havre de St-Vallery-en-Caux, est à Bernay

1721 Sœur Marie de B.ere, fille de la Charité, à Bernay.

7 nov. 1722. Defenses aux bouchers de laver aucunes tripes. etc, à l'abreuvoir des champs de Notre-Dame de la Couture.

1er juin 1723. 5 meuniers sont condamnés pour être entrés dans la petit halle au blé, contrairement et au préjudice des règlements, ce qui causa un trouble.

Le dit jour, mesures de police contre 9 boulangers, à cause de l'enchère extraordinaire du blé qui fit peur au peuple.

1729. Jacques Eloy Capelles, tailleur d'habits. 27 sept. Ordre de réjouissances publiques pour la naissance du Dauphin.

ŒUVRES DE E. VEUCLIN :

1873-1889. — Nombreux Articles de Journaux et 95 Notices.
Huguenots et Gautiers à Bernay.
La Saint-Louis à Thiberville en 1790.
La Fête-Dieu à Bernay au siècle dernier.
La Chapelle du Collège de Flers Une Bannière.
Une rare et belle Fête à Verneusses.
Un Poète ignoré : Lelièvre, ex-instituteur.
Sorciers et Empiriques à Bernay et aux envir.
Quelques Croix de Cimetières.
Exécution de Sorciers au 17e siècle.
Notes du curé de Folleville. 1672-1696
Notes sur la Paroisse de St-Aubin le-V.
Quelques Fêtes de la Révolution à Chambrais
Lettres d'un Soldat de la Grande Armée.
Confréries anti-esclavagistes du 17e siècle.
1890. — 2 Lettres inédites de Thomas Lindet.
Maison de Charité de l'Hôtel-Dieu de Bernay
Les Fêtes baladoires au siècle dernier.
Le Mariage d'une Rosière à Bernay en 1807.
Derniers Souvenirs de l'Abbaye de Bernay
L'Ecole de la Maison de Charité de Meulan.
Une manufacture de frocs dans un presbytère
Saint Vincent de Paul en Normandie
Un conflit clérical dans le diocèse de Lisieux.
Tenue des petites Ecoles à Bayeux en 1690.
Les Processions du Roumois et de la Fête-Dieu
Notes pour l'histoire de Pierre-Ronde.
Les 4 Canons de Bernay.
Documents sur le canton de Beaumesnil.
Les Ecoles chrétiennes de Lisieux. 121
Documents pour l'histoire de Beaumont-le-R
Glanes historiques sur le canton de Brionne.
Une Histoire de Bernay écrite en 1765.
Glanes historiques sur le canton de Broglie.
Les Sapeurs-Pompiers de Bernay.
La Fontaine minérale de Bernay.
Notes historiques sur le canton de Thiberville
Gabriel Dumoulin et sa Famille. 132
Ce que doit être le Livre d'or du Collège de B.
Le Bienheureux André Goulafre, curé de B.
Les Auxiliaires de la Rédemption des Captifs.
A propos du Pèlerinage de Mgr Hautin à B.

www.ingramcontent.com/pod-product-compliance
Ingram Content Group UK Ltd.
Pitfield, Milton Keynes, MK11 3LW, UK
UKHW020321220726
13923UKWH00003B/1292